# 태어나서 처음 하는 진짜 영어공부

태어나서 처음 하는 **진짜 영어공부**

초판 1쇄 펴냄 2014년 11월 15일
13쇄 펴냄 2023년 3월 10일

지은이 이혜영

펴낸이 고영은 박미숙
펴낸곳 뜨인돌출판(주) | 출판등록 1994.10.11.(제406-251002011000185호)
주소 10881 경기도 파주시 회동길 337-9
홈페이지 www.ddstone.com | 블로그 blog.naver.com/ddstone1994
페이스북 www.facebook.com/ddstone1994 | 인스타그램 @ddstone_books
대표전화 02-337-5252 | 팩스 031-947-5868



ISBN 978-89-5807-548-6 14740

태어나서 처음 하는

# 진짜 영어공부

· 이혜영 지음 ·

DSL

차례

## 3. 영어가 솜털처럼 가벼워지려면?



## 4. 안 된다고 하기 전에는 안 되는 게 아니다



## 5. 영어에 붙이는 가속도

# 프롤로그

저는 큰딸이에요. 밑으로 여동생 셋이 더 있고, 막내가 남동생이에요. 저희 엄마는 아들만 줄줄이 넷을 낳은 큰어머니와 제대로 비교되며 아들 못 낳는 스트레스를 받으셨어요. 지금이야 딸이 더 좋다는 사람들도 많지만 말이에요.

그 때문인지 엄마는 딸을 잘 가르쳐야겠다는 열의에 불타셨어요. 저는 초등학교에 막 들어갔을 무렵, 자식 대표로 엄마의 스트레스를 풀어 주고, 엄마의 꿈을 대신 이뤄야 한다는 슬픈(?) 운명을 어렴풋이 느끼기 시작했지요.

그때는 유치원이 귀하던 시절이라 대부분의 아이들은 초등학교에 들어가서 한글을 배웠어요. 그런데 우리 반에는 유난히 한글을 배우고 온 아이들이 많았어요. 두 주먹 불끈 쥐고 큰딸을 시작으로 자식들을 제대로 공부시키겠다고 결심했던 엄마는 충격을 좀 받았어요. 첫걸음부터 뒤처졌다는 생각을 하셨나 봐요.

입학한 다음 날부터 한글 공부를 시작해서 스파르타식으로 일주일 만에 자음과 모음을 모두 익혔어요. 정신없이 들볶이며 공부했던 기억이 지금도 생생해요. 그렇게 일주일 만에 한글을 습득하고 그 뒤 받아쓰기마다 내리 백 점을 맞으니 엄마는 '얘가 다행히 머리가 나쁘지는 않구나' 하며 안심했어요.

중학교에 들어갈 때에는 과외가 금지됐어요. 엄마는 한글을 미리 배우고 온 애들 때문에 식겁했던 기억이 있어 영어만큼은 미리 가르치고 싶어 하셨어요. 한데 과외가 금지되니 나라에서 자식 가르치는 것까지 간섭을 하냐고 열을 내다가 해결책을 찾으셨죠.

당시에 속독법이 유행을 했는데, 한 속독 학원에서 기억법을 가르치면서 우회적으로 영어 문법을 가르친다는 거예요. 욕은 할지언정 법을 어길 자신이 없었던 엄마는 저를 속독 학원에 보내셨어요. 속독 학원은 과외 단속에서 제외되었거든요. 그곳에서 저는 영어의 기본 문법을 기억법과 함께 배웠어요.

'1형식은 주어 + 완전자동사이다'의 앞 글자를 따서 '1형식은 주전자다'라고 외웠어요. 기억하기 쉽게 앞 글자로 단어를 만들어 외운 거예요. '전씨 성을 가진 명구'도 외웠어요. '전치사 + 명사 = 전치사구'라는 뜻이에요.

전 이게 제 인생의 큰 사건 중의 하나라고 생각해요. 영어를 미리 배우고 가니 영어가 정말 쉽더라고요.

중학교에 들어가서부터는 〈민병철 생활 영어〉를 즐겨 시청했어요. 처음에는 엄마가 억지로 보게 했는데, 나중에는 제가 자발적으로 시청했어요. 미국 사람들이 직접 말하는 영어를 듣는 게 재미있었거든요. 민병철 선생님이 낭랑한 목소리로 진행하는 강의도 좋아했어요. 그게 새벽에 하는 프로였는데 한창 잠이 많을 중학생이 일찍 일어나 그걸 자발적으로 봤으니 제 영어 사랑은 본능에 가까운 것 같기도 해요.

암튼 그렇게 쭉 영어를 재미있게 공부했고, 잘하기도 했는데 어느 순간인가부터 영어가 무서워지기 시작했어요. 문법도 되고, 읽기도 되고, 말하기도 남들보다는 잘하는 편인데, 그래서 제 영어가 자랑스럽기는 한데 항상 찜찜했어요. 뭔가 애매했기 때문이에요. 그 찜찜함은 거의 공포로 느껴질 정도였어요.

언어가 애매한 원인을 찾아야 했어요. 원인을 찾지 못하면 언어를 계속 대충 하면서, 평생 그 수준에 머무를까 봐 두려웠어요.

어떻게든 그 수준을 뛰어넘기 위해 발버둥치다가 마침내 깨달았어요.

'언어가 애매한 건 공부의 양이 부족해서이다. 양만 채우면 된다.'

혹시 영어 공부에 대단한 비법이 있지 않을까 기대한 분들은 실망했을 수도 있어요. 누구나 알고 있는 '공부의 양을 채워야 한다'가 비법이라니요. 어이없게 느껴질 수도 있어요.

그런데 모두가 알고 있지만 아무나 실천하지는 못해요. 얼마나,

어떻게, 얼마 동안 해야 양을 채울 수 있는지 도무지 감을 잡을 수 없기 때문이에요.

사실 시간만 들이면 별거 아닌 영어예요. 그런데 그 시간을 어떻게 버틸까요?

임신 기간이 힘들긴 해도 열 달이라는 정해진 기간만 버티면 되고, 군대 복무 기간이 아무리 암담해도 국방부 시계는 반드시 돌아가잖아요. 그런데 영어는 도대체 얼마만큼을 해야 하냐고요!

끝이 보이지 않는데 꾹 참고 하기에 영어는 너무나도 난해한 상대이지요.

또 영어의 도구도 너무 많아요. 책이나 문제집, 강의가 하도 많아서 뭘 골라야 할지도 모르겠고, 뭔가를 골라 열심히 해서 끝낸다고 해도 안 들리고 말이 안 나오기는 공부하기 전과 마찬가지이니 끝없이 안갯속을 헤매는 기분이지요.

참을성 하나로 우리나라 역사의 시조가 된 웅녀에게도 백 일이라는 시간과 쑥과 마늘이라는 도구가 주어졌는데, 영어에는 완성하기 위한 적당한 시간도, 같이 견뎌 낼 도구도 딱히 정해져 있지가 않지요. 그래서 전 영어를 공부하는 일이 웅녀의 과제보다도 더 어렵다고 생각해요.

보장되지 않는 보상을 바라며 무작정 시간과 노력을 쏟아붓기란 어려워요. 포기하지 않는 게 더 이상해요. 무작정 하다가는 실패하기 쉬워요.

이미 그런 실패는 영어에서 수도 없이 겪어 보셨을 거예요. 열심히 안 한 게 아닌데 해도 해도 끝이 안 나는 영어 공부 때문에 좌절도 많이 했을 거예요.

저는 그 좌절감을 덜어 드리고 싶어요. 과연 영어를 할 수 있을까, 얼마나 해야 할까, 어떻게 해야 할까, 지금 잘하고 있는 걸까 하며 고민과 한숨으로 밤마다 뒤척이지 않게 해 주고 싶어요.

일단 영어의 양을 채우는 데는 '책 읽기'만 한 게 없어요. 좀 더 구체적인 수치를 제시할게요. 400페이지 분량의 소설을 20권쯤 읽으면 초·중급 정도의 영어에서 길을 잃은 사람들도 일단 기본적인 귀가 열려요. 귀가 열리면 차차 말문이 트이고요.

다만, 책은 무작정 읽으면 안 돼요. 기본적인 단어와 문법과 숙어를 준비해 놓고 있어야 해요. 그래야 효과를 볼 수 있어요. 무작정 책부터 읽으면 한 권도 다 못 읽고 또다시 좌절하며 나가떨어질 수 있어요.

책만 읽으면 된다더니 단어와 문법과 숙어는 또 어떻게 하냐고요? 다 방법이 있답니다.

수많은 좌절과 눈물 나는 시행착오를 겪은 끝에 찾아낸 영어 공부 방법이에요. 이 방법으로 저는 73개 언어까지 공부할 수 있었어요.

실천이 가장 중요해요. 생각과 고민만 가득하면 뭐 하나요? 무엇이든 일단 해 봐야지요. 아직 영어가 부담스러운 분들과 나름 영어를 극복하고 다국어에 도전하는 저의 차이는 실천을 했느냐 안 했느냐 딱 그거 하나예요.

가장 중요한 건 공부하는 동안 지치지 않고, 희망을 가지고 즐겁게 공부하는 거예요. 나도 할 수 있다, 라는 자신감과 꼭 하고 싶다는 간절함은 좋다는 책보다, 훌륭한 선생보다 백 배 천 배 효과가 있어요. 그러면 태산 같던 영어가 틀림없이 가벼워질 거예요. 힘든 순간을 노력 하나로 이겨 낸 뿌듯함과, 끈기를 가지고 찾고 있던 것을 마침내 찾았을 때의 벅찬 감동, 때로는 원했던 것보다 더 많은 것을 얻었을 때 솟아오르는 감사함도 느끼게 될 거예요.

제가 얘기하는 방법대로 잘 따르겠다는 약속도 해 주셔야 해요. 하루아침에 미국인으로 만들어 줄 수는 없어요. 시간이 필요해요. 어마어마한 양의 반복도 필요해요.

그렇지만 목적지가 어디인지 분명히 말해 줄 수 있어요. 그곳에 가기 위해 간간이 들르는 간이역에 대해서도 미리 말해 줄게요. 목적지와 가는 길을 확실하게 알면 그 길을 가는 것이 훨씬 수월할 거예요. 제가 끝까지 알려드릴게요.

한 번 더 마음을 굳게 먹고 노력하느냐, 아니면 계속 안갯속에 주저앉아 있느냐?

선택은 여러분께 달렸어요.

# 1

# 평생의 단어장,
# 사전

## 꿈은 이루어진다!
## 슬그머니……

대학 시절 논어를 배우러 다닌 적이 있어요. 중앙대학교 앞 동네에 있는 전통 한옥의 툇마루에서 그 옛날 서당에서 공부하는 것처럼 논어를 공부했어요. 선생님은 선비의 인품을 지닌 분이었고 학식도 높았어요. 그때 건성건성 다니느라 많이는 배우지 못했지만, 선생님 덕분에 논어, 맹자에 대한 동경은 아직도 남아 있어요. 언젠가는 깊이 공부해 보리라 작정하고 있어요.

제가 같이 공부하던 그룹에는 대학생이 반, 직장인이 반쯤이었어요. 직장인들은 자주 빠지는 편이었고 우리 대학생들은 그래도 꾸준히 출석을 하는 편이었어요. 그런데 거기에 직장인인지, 대학생인지 도통 밝히지 않고 신비주의를 고수하는 남자 하나가 있었어요. 그냥 나쁜 사람은 아니겠구나, 예의가 바르구나 싶은 정도에 논어, 맹자를 어지간히도 열심히 하는 학구파 청년이었어요. '뭐 하는 사람이지?' 친구들끼리 그 남자의 정체에 관해 이러쿵저러쿵 추측해 보기도 했어요.

그룹으로 하는 공부라 웬만하면 우르르 몰려나오는데 하루는 우연찮게 그 사람이랑 단둘이 나오게 되었어요. 버스 타는 곳까지 나오려면 골목길을 좀 걸어야 했어요. 그날 하늘에는 가을 찬바람 때문인지 별들이 유난히 빛나 보였지요.

역시나 그 사람은 입을 꾹 다물고 있었어요. 지금만 같았어도 남의 사생활은 절대! 캐묻지 않았을 텐데 그때는 왜 그랬을까요. 직감적으로 이 사람에게 뭔가 사연이 있겠구나 하고 느꼈던 것 같아요.

"뭐 하는 분이세요?"

단도직입적으로 물었어요.

"얼마 전에 감옥에서 나왔습니다."

헉! 예상한 답은 그게 아니었는데……. 머릿속에 백만 가지 생각이 들면서, 무심결에 슬쩍 주위를 둘러봤던 것 같아요. 그 와중에 소리 없이 피식 웃는 그 사람의 입꼬리를 보았던 것도 같아요. 먼저 물어봐 놓고 몸을 사리는 제가 좀 못나 보이기도 하고, 무섭긴 무서웠고, 어떻게 대화를 이어 나갈지 막막하기도 하고.

"운동을 하다가 한 일 년 들어가 있었어요."

어떤 대화에서든 주로 제가 말하는 편인데, 그날 그 대화에서는 주로 그 사람이 말을 했어요.

그 사람은 어릴 적부터 공부를 대단히 잘해서 집안의 자랑이었다고 해요. 서울대도 순조롭게 합격했는데 대학에 들어가서 민주화 운동을 하게 된 거죠. 각오는 하고 있었지만 정말 감옥에 가게 될 거라고는 생각하지 않았대요. 막상 감옥에 가게 되니 뭐라 표현할 수 없는 절망과, 부모님께 대한 죄스러움으로 세상이 무너지는 것 같았다고 해요.

전과자가 되어 버린 내 인생은 이제 어디로 흘러가는 건가, 믿을 수 없는 고통의 무게에 눌려 한동안 정신이 없었대요.

그러다가 어느 날 감옥에 온 것도 아주 나쁘지는 않다는 생각이 들기 시작했대요. 지난날을 뒤돌아보니 정말 자신의 삶이었을까 싶을 만큼 뭔가에 떠밀려 정신없이 살았더래요. 반복되는 일상에 거의 모든 시간을 내어 주고, 정말 내가 원하는 일이 뭔지도 모르고, 생각할 새도 없이 정해진 각본대로 살았구나, 남이 원하는 삶이 내가 원하는 삶이라는 착각 속에서 정신없이 살았구나 하는 생각이 들었대요.

감옥 안에서 비로소 자신만의 삶을 정리할 수 있었대요. 원하는 책도 분주하지 않게 읽으니 그게 바로 천국이더래요.

별이 빛나던 그 가을 밤, 바람이 차갑지만 기분 좋게 불어왔어요. 돌아오는 버스 안에서는 내 심장이 뛰는 소리를 들었어요.

쿵쾅, 쿵쾅, 쿵쾅, 쿵쾅.

한동안은 심장이 계속 쿵쾅쿵쾅거렸어요. 밥을 먹을 때도 쿵쾅쿵쾅, 걷다가도 쿵쾅쿵쾅, 이 닦다가도 쿵쾅쿵쾅, 자려고 눕는데도 쿵쾅쿵쾅.

나도 인생을 다시 한 번 짜 보고 싶었어요. 무의미하게 떠밀려 흘러가는 내 인생을 내 힘으로 붙잡고 싶었어요. 그 사람처럼 새로운 인생을 살고 싶었어요.

하지만 얼마 지나지 않아 그 뜨거운 갈망은 현실의 다사다난함에 밀려 어느덧 잊히고 심장은 더 이상 쿵쾅거리지 않았어요. 그래도 가끔씩은 가슴이 뻐근했어요.

"이렇게 살아선 안 돼, 뭔가 할 거야. 아니 해야만 해!"

이런 아우성이 이따금씩 가슴을 휘저었어요. 자진해서 감옥에 갈 수는 없으니 궁여지책으로 절에 들어가서 공부 좀 해 보겠다고 부모님께 말씀드렸다가 앞뒤 분간 못 하는 소리 한다고 하마터면 맞을 뻔했어요.

그리하여 시끄럽지 않은 시간 속에서 차분히 나를 돌아보며, 나의 인생을 다시 만드는 것을 포기했어요. 그건 어찌 되었든 번잡한 현실을 살아 내야 하는 나에게는 이루어질 수 없는 그냥 꿈이었어요.

그러다 결혼을 해서 유학생 남편과 함께 프랑스로 가게 되었어요. 스물다섯에 엄마가 되어 재능도, 관심도 없었던 육아와 가사에 짓눌려 살아야 했어요.

어느 날, 창가에 앉아 해도 잘 안 드는 파리 근교의 어두운 하늘을 바라보았어요.

"어린 왕자는 의자를 옮기며 해 지는 광경을 마흔세 번 봤다지만, 나는 그냥 앉아서 보겠어!"

이렇게 중얼거리며 바라본 하늘에는 구름만이 가득했어요. 그때는 인터넷이 발달하기 전이라 전화나 편지가 다였는데 전화비는 너무 비싸고 편지는 손이 잘 안 가서 한국과 소식을 자주 주고받을 수 없었어요. 주변에는 온통 말이 안 통하는 프랑스인들 천지라서 밖에 나가기도 꺼려졌어요. 그래서 흐린 파리 하늘에다 대고 하염없이 편지를 썼어요.

'친구들아, 너희들은 어떻게 지내니? 너희들은 인생의 황금기를 보내고 있는데 나는 여기가 딱 감옥이다. 창살만 없을 뿐이지 감옥이다. 어디에 나가지도 못하고 하루 종일 가사 노동만 하는 나는 감옥에 갇혀 있다. 아아, 너무 지루하다, 재미가 없다. 너희가 사는 그곳은 인간다운 삶으로 가득하겠지. 나는 왜 여기 감옥에 있는 것일까?'

그러다 갑자기 대학생 때 그 가을 밤이 생각났어요.

어라? 꿈이 이루어졌네?

믿을 수 없는 일이었어요. 감옥 타령을 할 때는 언제고 막상 감옥에 있게 되니 투정하는 꼴이었어요. 원효대사가 좀 특별한(?) 잔에 시원하게 물 한 잔 마시고 다음 날로 바로 중국 유학을 접은 이유를 알 것 같았어요. 정말 한순간에 제 삶이 지옥에서 천국으로, 아니 어두운 감옥에서 꿈에도 그리던 감옥으로 변하더라고요. 모든 것은 마음 먹기 나름이라는 진리가 현실로 이루어진 순간이었어요. 슬그머니…….

단 한순간의 깨달음으로 인하여 저는 그다음부터 진정 프랑스 생활을 즐길 수 있었어요. 전화비가 비싸다는 불평도 접고 더 이상 한국을 그리워하지 않기로 했어요. 가난한 유학생 부인이었지만 시간이 남아돌았고요. 일가친척, 그리고 친구가 없으니 일상이 분주하질 않았어요. 가사 일은 여전히 많았지만 단순 반복이라 머리도 시끄럽지 않았어요. 그래서 맘껏 책도 읽고 공부도 하면서 보낼 수 있었어요.

만약 그 가을 날 그 사람을 만나지 않았더라면, 제가 '당신은 누구십니까' 하고 푼수를 떨지 않았더라면, 그 사람이 그때 얘기할 기분이 아니었더라면, 파리의 흐린 하늘에 대고 감옥 타령을 하지 않았더라면, 이라는 생각을 지금도 가끔 한답니다.

## 프랑스에서
## 사전을 외웠어요

프랑스에서 프랑스어가 애매한 상태일 때가 있었어요. 많이 조급했지요. 특히 프랑스어로 살아남아야 했기에 실력이 늘지 않는데 대한 불안감은 상상 이상이었어요. 실력이 더 이상 늘지 않고 대충 소통하면서 대충 살아갈 미래는 공포 그 자체였어요.

왜 그리 불안했던 걸까요?

바로 단어 때문이었어요.

영어만 공부하던 시절에도 모르는 단어는 끊임없이 나왔어요. 듣는 것, 말하는 것, 읽는 것, 쓰는 것 모두 단어 때문에 덜컥거리니 아무리 공부를 열심히 해서 점수를 잘 맞아도 불안했어요.

부족한 단어 때문에 결국 영어는 넘을 수 없는 거대한 산이겠다는 생각을 했어요. '22,000단어'도 웬만큼 외웠지만 여전히 단어가 부족했어요. 결국 사전을 외워야 되겠다는 생각을 했는데 막상 실행할 걸 생각하니 앞은 막막한 절벽이었어요. 사전을 어떻게 외우냐고요, 사전을.

프랑스어도 단어가 문제였어요. 내가 단어를 정복하지 못하면 결국 프랑스어도 영어 짝 나겠구나. 단어 때문에 사전 찾다 볼일 다 보겠구나, 이런 생각이 들었어요.

영어는 실행하지 못했지만 프랑스어는 사전을 외우기로 결심했어요. 유학생 부인이라서 남보다 더 가진 건 시간뿐이었거든요. 사전을 외운다는 건 너무 방대한 일이라 우선 2년을 잡고 시작했어요. 2년을 해도 안 되면 접자! 마지노선을 그었어요.

그때 파리 11대학 근처에 살았는데 그 근처에 있는 도서관으로 출근을 시작했어요. 과연 될까. 마음은 무거웠지만 가방은 가벼웠어요. 사전 하나만 달랑 들고 가면 됐으니까요.

각오는 했지만 외우면 잊어버리고 외우면 잊어버리는 통에 한 달쯤 지나니 몸과 마음이 지쳤어요. 그래도 다른 방법이 없으니 그만두지는 못했어요. 단어를 포기할 수는 없었어요. 아니 단어 말고는 딱히 할 공부도 없었어요.

막막할수록 시간을 늘렸어요. 2년으로 부족하면 3년 하지 뭐, 그래도 안 되면 4년 하지 뭐, 이러면서 계속했어요.

"좀 나아지고 있어? 잘 외워져?"

도서관에 데려다 주면서, 사전 외우는 일을 아주 무모한 일이라고 생각하는 남편은 지쳐 있는 저에게 묻곤 했어요. 그러면 저는 대답했어요.

"나는 외우러 가는 게 아니라 잊어버리러 가. 그렇게 잊어버리다 보면 외워지는 날도 있겠지."

비가 오나 눈이 오나 나타나서, 읽고 쓰는 것을 반복하는 저에게 프랑스 사람들이 뭐 하냐고 종종 물었어요. 사전 외운다고 하기가 어쩐지 부끄러워서 단어를 찾으며 뭔가 쓰고 있다고 거짓말도 했어요.

이렇게 눈물을 흩뿌리며 도서관에 꼬박꼬박 출근하던 어느 날 문득 깨달았어요.

진도가 어느 순간 빨라져 있었다는 걸요. 반복할수록 속도가 빨라졌던 거예요! 전 이 사실을 깨닫게 된 게 제 인생의 큰 축복이라고 생각해요. 마음에 평화가 찾아왔거든요. 더 이상 진도 나가는 데 연연하지 않고 반복에만 초점을 맞췄어요.

무조건 썼어요. 머리로 외우려고 들면 나도 모르게 잡생각이 나지만 쓰면서 외우면 훨씬 집중이 쉽다는 걸 알게 되었어요. 스님들도 불경을 외면서 목탁을 두드리잖아요. 손을 움직이면 잡생각이 덜 들고 집중에 도움이 된다고 하더라고요.

그렇게 한 6개월 동안 사전을 셀 수 없이 반복했어요. 물론 모든 단어를 다 외운 건 아니에요. 색연필로 줄을 치며 외웠는데 정말 외우지 않아도 되겠다 싶은 단어엔 줄도 치지 않고 외우지도 않았어요. 그래도 필요한 단어들을 다 외우는 데에만 꼬박 6개월이 걸렸어요.

그 6개월은 6년 같기도 했고 60년 같기도 했어요. 6개월 동안 사전으로 단어 공부를 하느라 쓴 종이를 버리지 않고 모은 높이가 거짓말 조금 보태서 허리에 닿아요. 그리고 오른손 세 번째 손가락에 굳은살이 박였어요.

2년, 거의 4년까지도 각오했던 사전 외우기가 겨우 6개월에 끝났어요. 솔직히 이렇게 빨리 될 줄은 몰랐어요. 이럴 줄 알았으면 그렇게 속 끓이지 말 걸, 싶었어요.

용기백배해서 내친 김에 영어 사전도 외우려고 폈어요. 만세!

그렇게 외우려고 해도 징그럽게 안 외워지던 영어 단어들이 다 프랑스어이거나 라틴어더라고요. 프랑스어 사전이 끝난 순간 영어 사전도 같이 끝나 있었어요. 프랑스어 사전이 쉬워진 그 순간 영어 사전도 같이 쉬워져 있었어요. 한마디로 buy one 하니 get one free 였어요.

영어를 잘하고 싶은데 끝없이 나오는 모르는 단어 때문에 괴롭다고 하는 분들이 많아요. 일상 회화에 쓰이는 단어는 몇 천 단어도 안 된다지만 그 몇 천 단어를 고르는 게 쉬운 일이 아니에요.

특히 독해에서는 단어 때문에 어려움이 많아요. 당장 인터넷 영어 사이트에 들어가 보면 모르는 단어가 수두룩하지요. 책을 읽으려고 해도 사전 찾으며 읽는 게 번거로워서 몇 페이지 넘기다 말고 포기하게 돼요. 그러니까 단어는 영어를 잘(!)하기 위해서 필수적인 거예요.

사전을 통해 단어를 외우는 건 일견 비효율적인 방법 같아 보이죠. 하지만 평생을 단어 가지고 속을 끓이느니 몇 달만 고생하면 어떤 단어든 다 들어 있는 확실한 나만의 단어장을 장만할 수 있어요.

그편이 시간상, 체력상 훨씬 이득이지 않을까요?

사전을 외우는 건 특별한 사람만이 할 수 있는 것이 아니에요. 저는 아예 시간을 내서 아무것도 하지 않고 사전만 들입다 들고 팠지만 그건 경험이 없고 방법도 몰라서 했던 무식한 방법이었어요.

여러분들은 좀 더 세련되고 덜 고단한 방법으로 사전을 공부할 거예요. 제가 정리해 놓은 방법으로요. 저는 시간 활용이 비교적 자유로웠지만 직장을 다니거나 집안일로 바쁜 분들이 대부분일 테니까요.

저처럼 사전을 다 외울 작정은 하지 않으셔도 되니까 시작하기 전에 겁부터 먹지 마세요.

## 쓰기의 위대함

고등학교 3학년 때, 독일어 선생님께서 첫 수업 시간에 말씀하셨어요.

"얘들아, 앞으로 두 달 주겠다. 교과서 맨 뒤에 있는 불규칙 동사표를 20번 써라. 만일 안 쓰면 이 몽둥이로 20대 맞을 각오해라. 지금부터 조금씩 쓰기 시작하면 아무것도 아닌 숙제지만 닥쳐서 하다간 큰 재앙이 될 것이다."

숙제를 받을 당시에는 두 달이나 있으니 매일 조금씩 하면 별거 아니라고 생각했어요. 그런데 마음만 그렇지 누가 그걸 조금씩 하겠어요. 예나 지금이나 시간은 어찌나 잘 가는지 어느 날 문득 정신 차리고 보니 일주일쯤 뒤가 제출해야 할 시간이더라고요. 그리고 그 숙제는 정말 재앙이 되어 있었어요.

저만 안 한 게 아니고 다들 안 했더라고요. 고3이라 할 일도 태산인데 지금 이거 20번씩 쓰게 생겼냐는 불평이 나오곤 했지만 선생님은 한발도 양보하지 않고 몽둥이를 휘두르며 '20대다'를 강조했어요.

독일어를 선택한 교실에선 그야말로 난리가 났어요. 그제야 혼비백산을 해서 써 대느라 애들은 다른 과목들을 거들떠보지도 않았어요. 보다 못한 다른 선생님들이 조금 줄여 보면 어떻겠냐고 독일어 선생님께 건의했는데 선생님은 조용히 고개만 젓더래요.

"두 달 전에 낸 숙제입니다" 하면서요.

예나 지금이나 쓰는 거 하나는 한석봉도 부럽지 않은 저는 쏜살같이 숙제를 끝냈어요. 생각보다 많은 양이어서 손이 좀 아팠지만 즐기면서 했던 것 같아요. 그리고 홍익인간의 정신을 발휘해서 친구들의 숙제를 거들기 시작했어요. 친구들이 어찌나 칭찬을 해 대던지. 사실 저는 잘한다, 잘한다 하면 집문서도 들고 튈 캐릭터거든요.

"애들아, 너희는 쉬어, 내가 해 줄게."

이러고서 완전히 한 사나흘은 그거 쓰는 일만 했던 것 같아요. 숙제 마감 즈음에는 거의 초죽음이 되어 있었어요. 거의 한 200번은 썼지 싶어요. 그 결과로 저는 독일어 수에, 학력고사 독일어 과목 20점 만점에 20점을 맞는 쾌거(?)를 이루며 고등학교를 졸업했어요. 대학 때는 교양으로 독일어를 선택해서 들었는데, A+에 빛나요.

그 뒤로 독일어에 손을 놨다가 프랑스에 가서 산 지 몇 년 지났을 무렵 다시 독일어를 공부하기로 하고 '괴테 인스티튜트'라는 곳에 갔어요. 정말 독일어가 하나도 생각이 안 났어요. 그런데 공부를 시작하자마자 정말 놀랐어요. 고등학교 때 200번쯤 썼던 불규칙 동사표가 순식간에 머릿속에 돌아온 거예요. 그것도 완벽하게요.

안 그래도 프랑스어 사전을 외우면서 많이 써 보는 게 정말 최고구나 하고 뼈저리게 깨달은 뒤였는데, 오랜 세월이 흘러 제 머릿속에서 되살아난 독일어 불규칙 동사표는 그냥 말문을 막더라고요.

그래, 10년 전에 며칠 썼던 것도 이렇게 오래 남는구나.

저는 그 이후로 쓰는 공부에 더욱 매진했어요. 쓰기는 단 한 번도 저를 배신한 적이 없어요.

인간의 뇌는 쉽게 피로해지기 때문에 몇 시간씩 집중하는 것은 힘들다고 해요. 원칙적으로는 그래요. 하지만 쓰면 보통 팔이나 손이 아파서 그만두지 머리가 아파서 그만두지는 않아요. 몇 시간이고 공부 시간을 지속할 수 있어요.

우리는 먼저 사전에 줄 치는 일을 할 거예요. 사전에 줄 치는 일은 쓰는 것과 비슷한 역할을 해요.

사전에 줄을 친 뒤에는 사전에 줄 친 단어를 베껴 써야 해요. 그런데 그게 워낙 방대하고 지겨운 일이라 그 일에 대한 확신이 없으면 절대 지속하지 못해요.

확신을 가져야 해요. 사전은 곧 끝나요. 그러면 영어가 좀 만만해질 거예요. 해 볼 만하겠다는 생각이 들 거예요. 저는 사전 덕분에 73개 언어에까지 도전할 수 있었잖아요.

영어 하나만 하는 여러분들은 뭐가 걱정인가요? 한번 시작해 보자고요.

# 사전 칠하기 1단계

## 2주 안에 끝내 주세요

1 사전의 시작 부분, A 챕터를 펼치세요.

2 준비한 색연필 중 한 가지 색깔을 선택하고 사전을 쭉 읽어 내려가면서 알 것 같은 단어에 모두 색칠하세요. 뜻 부분은 안 칠해도 돼요.

3 알 것 같은 단어의 파생어들도 모두 색칠하세요. 혹시 뜻을 모르는 파생어가 있더라도 무조건 색칠해 주세요.

4 단어를 색칠하면서 단어의 뜻을 한번 읽어 본다는 느낌으로 진행해 주세요. 외우려고 하면 큰일 나요. 그럼 처음부터 지치게 돼요. 여러 번 읽지도 마세요. 한 번만 읽으면서 색칠하세요.

>> 저는 '사전 칠하기 1단계'에서 초록색 색연필을 선택했어요. 지금은 한 가지 색으로만 사전을 칠하지만 2단계부터 다른 색깔이 섞일 거예요. 아무래도 지금 칠하는 색이 가장 많이 보는 색일 테니 눈에 피로가 덜한 초록색을 추천해요. 파란색도 괜찮아요. 다만 노란색이나 분홍색, 이런 색을 고르시면 나중에 후회할지도 몰라요.

>> '사전 칠하기 1단계'의 목적은 단어의 구조를 눈에 익히는 거예요. 절대 외우는 것이 아니랍니다. 그러니 후다닥! 2주 안에 끝내는 게 가장 중요해요.

**사전 추천** 사전은 되도록이면 『민중서림 특장판 영한사전』을 추천해요. 제가 썼던 사전이라 '좋습니다!'라고 자신 있게 말할 수 있거든요. 특장판은 보통 크기의 사전보다는 글씨가 커서 보기도 편하고 눈도 덜 피로해요. 하지만 이미 사전을 가지고 있다면 그 사전을 사용하세요.

**색연필 추천** 어느 색연필을 사용하실 것인가도 여러분들의 자유이긴 하지만 흔한 어린이용 색연필을 사용하면 손이 너무 아플 거예요. 미술용 색연필을 사용하면 손도 덜 아프고 색감도 좋아서 공부하는 즐거움이 배가 돼요.
제가 주로 쓰는 브랜드는 'Faber-Castell' 일반용이에요. 인터넷 쇼핑이나 문구점에서 낱개로도 쉽게 구할 수 있을 거예요. 빨간색, 형광색 계열은 피하고 눈에 편한 파란색이나 초록색 계열의 색으로 선택해 주세요. 사전을 한 권만(?) 칠할 거니까 많이도 필요 없고 대여섯 자루 정도 준비하면 돼요.

## 선택

프랑스에 간 지 1년 반쯤 지났을 때였어요. 우연히 어느 한국 분의 집에 초대를 받아 가게 되었어요.

거기엔 저보다 나이가 훨씬 많은 분들이 예닐곱 명쯤 모여 있었어요. 그땐 제가 스물다섯이던 때라 다 저보다 나이가 많은 어르신(?)들로 기억하는데 지금 생각해 보면 삼사십 대밖에 안 된 주부들이었어요. 그리고 다들 저보다 프랑스에 훨씬 오래 머문 사람들이었어요. 모여서 이런저런 얘기를 나누다가 프랑스어에 대한 이야기가 나오자 다들 땅이 꺼져라 한숨을 쉬더군요.

환상이 깨졌어요. 사실 저는 흔히 하는 오해대로 프랑스에 가면 단박에 프랑스어를 잘하게 될 줄 알았거든요. 혀도 금세 말리고 생김새도 프랑스 사람 비슷하게 되는 줄 알았어요. 한국말을 잊어버리면 어쩌지? 하는 참 웃기는 걱정도 했었어요.

그게 어이없는 생각이었다는 걸 깨닫는 데는 한 두어 달밖에 걸리지 않더군요. 프랑스에서 사는 것과 프랑스어를 하는 것과는 아무 상관이 없었어요. 거기다 프랑스어를 못하면서 저렇게 오랜 세월을 보낼 수도 있다니요!

그 뒤 1년쯤 더 지나고 또 그 모임에 가게 되었어요. 저는 그사이 프랑스어 공부를 열심히 했어요. 나름 많이 늘었다고 생각했어요. 그분들은 어떤 공부를 했을까, 궁금했어요. 전에 뭐라도 해 보자는 쪽으로 결론을 내리고 다들 심기일전해서 집으로 돌아갔으니 이번에는 다들 그럴싸한 성공기를 들고 오지 않을까 기대하는 마음이 있었어요. 저도 제가 터득한 몇 가지 공부 방법을 그분들께 알려 주고 싶었어요.

특히 시간을 아끼는 방법에 대해 말하고 싶었어요. 그때는 딸이 너무나도 어릴 때라 집안일이 보통 많은 게 아니었어요. 더구나 설거지밖에 모르다가 간 프랑스라 살림이 너무 서툴러 집안일이 하루도 빠짐없이 저를 압박하던 시절이었어요.

처음엔 일을 무작정 빨리 끝내려고 시도하다가 그게 하루아침에 되지 않는다는 걸 알고는, 틈틈이 공부하는 방법을 발견했어요. 설거지할 때 단어를 외우기 위해서 싱크대 앞에 단어를 잔뜩 쓴 포스트잇을 붙여 놓는다든가, 화장실에 항상 공부할 거리를 놓는다든가, 그날 익힐 동사의 패턴도 반드시 준비해 놓고 잠들기 전에 정리한다든가, 그렇게 자투리 시간을 모아 공부하는 방법에 대해 이야기하려고 생각했어요.

그런데 아무도 먼저 얘기를 꺼내지 않았어요. 성질 급한 제가 조심스럽게 얘기를 꺼내자 첨엔 이게 '무슨 소리지?' 하는 표정들을 짓더라고요.

아아, 그분들은 그 얘기를 했던 걸 잊어버렸던 거예요.

정말 신기하게도 1년 전에 했던 대화가 똑같이 반복됐어요. 1년 전과 똑같이 한숨을 내쉬며 도대체 프랑스어를 어찌해야 좋을지 모르겠다, 죽어도 안 는다, 지난번엔 누구한테 부탁을 해서 어디에 갔다, 창피했다, 언제까지 이렇게 살아야 하는가.

1년 전에도 다 들은 얘기였는데 그분들은 아는지 모르는지 새로운 얘기를 하는 것처럼 하더라고요. 제 공부법 얘기는 꺼내지도 못하고 그냥 돌아왔어요.

아예 길을 잃은 느낌이었어요. 그렇게 한탄을 하고도 1년을 그냥 보냈단 말인가? 모여 앉아 한숨만 쉬다가 평생을 보낼 작정이란 말인가? 그 나라 언어를 해결하지 못하고 대체 어떻게 살 셈인가? 무슨 생각을 하며 사는 사람들이란 말인가? 이것이 아줌마의 당연한 모습인 것인가? 도전하지 않으며, 노력하지 않으며, 어려운 일은 쉽게 포기하며, 그럼에도 불구하고 웃으며 살 수 있다니! 나는 그러지 말아야지.

더욱 공부에 매진했어요. 그 모임에는 더 이상 가지 않았어요. 그 모임이라 가지 않은 것이 아니고요. 한국 사람이 모이는 곳엔 웬만하면 가지 않았어요. 오직 프랑스어! 오직 외국어! 뭐 이러느라 갈 시간이 없었어요.

그렇게 공부에만 매진, 또 매진하는 삶을 살다 보니 체력이 점점 고갈됐어요. 몸과 마음이 함께 내리막길을 걸으니 엄마 생각이 너무 났어요. 엄마가 해 주는 음식이 너무 먹고 싶었어요. 도대체 나를 위해 온전히 쉬어 본 지가 언제인지.

갑자기 그 모임이 생각났어요. 그분들이 차려 준 정성스런 음식들이 우선 생각났고요. 그분들 집 정원에 옹기종기 모여 있던 꽃 화분들이 예뻤다는 걸 새삼 깨닫게 됐어요. 아, 맞다, 정말 아기자기했던 그분들의 부엌.

그래, 누군가는 옷을 만들고 있다고 했었지. 그 옷은 어떤 옷이었을까? 말은 안 통해도 얼마 전에 암 수술을 한 옆집 할머니에게 스프를 만들어 주고 있다던 분도 있었는데, 그 할머니는 회복하셨을까? 또 누군가는 티라미슈를 만드는 방법을 열심히 가르쳐 주었는데 다들 한번씩 시도해 보았을까?

그 생각들을 하다가 저는 울었어요. 반성의 눈물, 또는 회개의 눈물이었어요.

미국에 와서 살면서도 한숨으로 땅을 꺼트리는 분들을 많이 만났어요. 이번엔 프랑스어가 아니라 영어가 안 는다며 한숨을 쉬는 분들이죠. 어쩜 대사도 똑같아요.

도대체 이 영어를 어찌해야 좋을지 모르겠다, 죽어도 안 는다, 지난번엔 누구한테 부탁을 해서 어디에 갔다, 창피했다, 언제까지 이렇게 살아야 하는가.

그러면서 저를 굉장히 부러워해요. 이미 눈물과 함께 반성의 시간을 알차게 보낸 저는 정색을 하고 말해요.

"그러지 마세요. 선택의 차이일 뿐이에요. 만약 필요하면 이제 새로운 선택을 하면 돼요."

저는 공부를 선택했지만 지금 영어를 제대로 못하는 분들은 본인의 시간을 다른 곳에 쓰는 선택을 한 거예요.

밥도 먹다 말다 하면 맛이 없는 것처럼 공부도 하다 말다 하면 더 못하게 되어 있어요. 공부를 우선순위에서 제치고 다른 곳에 시간을 나누어 주다 보면 절대로 언어를 정복할 만한 덩어리 시간을 만날 수가 없어요.

그분들께 말했어요.

"의지박약이 아니에요. 작심삼일이 절대 아니에요. 소중한 시간을 다른 곳에 아낌없이 나누어 주다 보니 자신만의 시간을 낼 수 없었던 거예요. 감사한 희생이 왜 대우받지 못하고, 그깟 영어에 밀려야 하나요? 그러지 마세요."

촛불로는 밥을 지을 수가 없어요. 센 불에 한번 올려놓고 나면 아주 약한 불에서 저절로 뜸이 들며 밥이 지어지는 것처럼 영어도 한번 세게 공부를 해 놓아야 어느 정도 시간이 흐르면서 세게 노력하지 않아도 영어가 편안해지는 날이 와요. 그런데 영어에 센 불을 지피기란 쉽지 않아요.

특히 주부들의 경우 해도 해도 표시가 나지 않는 집안일을 하다 보면 하루 해가 후딱 가요. 오늘 푸짐한 저녁을 먹어도 내일이면 또 다시 어김없이 아침을 준비해야 하고요. 빨래는 해도 해도 지칠 줄도, 쉴 줄도 모르고 쌓이지요. 주부라는 이름을 가지고 하기에 언어는 정말 까다로운 상대예요.

가끔 "제 아내는 의지가 약해서요" 하는 남자 분들을 보면 안타까워요. "의지가 아니라 당신 때문이에요" 하는 말이 목구멍까지 차올라요. "우리 엄마는 공부를 안 해요. 그래서 영어를 못해요" 하는 아이들을 보면 어디 구석으로 데려가서 꼭 얘기해 주고 싶어요. "너를 위해서 그렇게 하신 거란다"라고요.

직장에 다니는 분들도 마찬가지일 거예요. 일에다 자신의 시간을 모두 쏟을 수밖에 없었으니까요.

어쩌면 어른이 된다는 건 더 이상 온전히 나를 위해 살 수 없게 된다는 걸 의미하는 걸지도 몰라요.

그런데 영어는 한번쯤은 센 불을 지피는 시기가 필요해요. 지금이 그때일지 몰라요. 사전 색칠을 시작하면서 그 시간을 지금 한번 내 보세요.

사전의 Z 챕터까지 언제 다 칠할지 막막하다고요? 절대로 미리 겁 먹지 마세요. 사전은 반드시 끝이 나요. 사전은 어느 순간 마무리를 할 수 있어요.

'이 죽일 놈의 영어, 부르다 내가 죽을 영어!'

언제까지나 이렇게 한을 남길 수는 없잖아요. 영어 때문에 한숨을 쉬고 뒤척이며 밤을 지새우는 것보다는, 없는 시간 쪼개고 쪼개어 색칠하고 쓰다가 펜을 끌어안고 잠드는 밤이 더 행복하지 않을까요? 고단하지만 최소한 영어를 위해 뭔가 노력하고 있으니까요.

도대체 이 사전이 나에게 무얼 가져다줄지 실감이 안 날 여러분. 의심이 드나요? 저는 그 끝을 알아요. 사전이 단어에 얼마나 큰 공을 세우는지, 단어가 좋아지면 어떤 기가 막힌 세상이 오는지 훤히 알아요.

사전을 끝내면 여러분들이 이런 세상을 함께 알게 될 거라고 생각하니 설레요. 틈만 나면 뛰는 가슴 부여잡느라 요즘 얼마나 바쁜지 몰라요.

## 두려우면 뭐든 어려워요

대학에 가니 1학년 교양 체육 시간에 수영과 테니스를 배워야 했어요. 참 가혹한 운명이었어요. 테니스는 밥 푸냐는 소리까지 들으며 어찌 어찌 지나갔는데 수영이 정말 문제였어요. 도저히 물에 뜰 수가 없었거든요. 점수는 받아야 되니 동네에 있는 수영장에 연습하러 다녔어요. 너무 싫었어요. 연습하는 것도 싫었고, 수업 시간도 싫었어요.

수영장에서 매일 연습을 해도 뜰 수가 없었어요. 같이 간 친구들이 자유롭게 물살을 가를 때 저는 판의 힘을 빌려 물에 떠야 했어요. 신사임당, 퇴계 이황, 세종대왕 다 필요 없었어요. 오직 물에 뜨는 사람들이 존경스러웠어요.

시험은 다가오고 물에는 안 뜨고 정말 답답했어요. 그러던 어느 날 정말 피곤해서 딱 죽겠는데도 불구하고 수영장으로 출근을 했어요. 자유롭게 수영장을 왔다 갔다 하는 친구들을 외면하고 혼자서 뜨는 연습을 하고 있었어요. 죽을힘을 다해 연습을 하는데도 뜨지는 않고. 그렇게 죽자고 물에 머무르다 보니 안 그래도 저질 체력이 더 이상 견디지 못하고 거의 까무러칠 지경이 되었어요.

나 여기서 수영 연습하다가 죽는구나, 하며 거의 정신을 잃을 만큼 기운이 빠질 즈음 글쎄, 제 몸이 두둥실 떠올랐답니다. 제가 기쁘면 바로 만세를 부르는 스타일인데 오죽 힘들었으면 그 기쁜 순간에 만세도 못 부르고 물에 뜬 채로 가만히 있었을까요. 한참을 가만히 있었어요.

기쁜 건 둘째 치고 너무 기운이 없었어요. 온몸에 힘을 빼고, 아니 온몸에 힘이 다 빠진 채로 물에 그냥 떠 있었어요.

선생님이, 친구들이 그렇게 몸에 힘을 빼라고 노래를 불렀건만 저는 몸에서 힘을 빼지 못해서 못 떴던 거였어요. 왜 저는 그 긴 시간 몸에 힘을 주고 있는 줄도 몰랐을까요?

바로 두려움 때문이었어요. 저는 항상 물에 빠질 걸 염두에 두고 있었기 때문에 몸에 힘을 뺄 수가 없었어요. 물에 처음으로 뜬 순간은 물에 빠지는 것을 생각할 수도 없이 피곤한 순간이었던 거죠.

아무리 해도 영어가 안 되는 사람들은 영어를 덮어놓고 두려워하는 경우가 많아요. 제가 덮어놓고 물을 두려워했던 것처럼요.

키 높이도 안 되는 물에 빠진다고 죽나요? 다 알지만 그럼에도 불구하고 물이 두려운 것처럼 영어를 무의식적으로 두려워하는 사람들이 있어요. 그러면 정말 영어가 힘들어요.

그런데 영어의 두려움으로부터는 어떻게 벗어날 수 있을까요? 우선 두려움의 원인부터 따져 볼게요.

❶ 영어에서 받은 상처가 너무 커서 이젠 영어 근처에도 가기 싫은 경우
❷ 싫고 좋고를 떠나 학창 시절 점수가 안 좋아 영어에 억하심정이 생김과 동시에 멀어진 경우
❸ 열심히 해 봤지만 영어가 이해가 안 되서 더 이상 진행을 할 수 없는 경우
❹ 원래는 영어를 좀 했는데 시간이 없어서, 혹은 시간이 지나면서 멀리하다 보니 덮어놓고 두려워진 경우
❺ 공부를 하면 할수록 더 뚜렷해지는 태산만 한 영어의 실체에 아연실색한 경우

해결책을 찾아볼까요?
❶ 상처는 시간이 지나면 아무는 법. 다시 돌아오세요.
❷ 점수는 올리면 된답니다. 죄 없는 영어 원망하지 말고 돌아오세요.
❸ 이해 안 되는 영어, 쓰다 보면 이해할 수 있는 방법이 보일 거예요. 돌아오세요.
❹ 시간이 지나면 먼지가 쌓여서 원래 모습이 잘 안 보이는 건 당연해요. 먼지는 털면 돼요. 돌아오세요.
❺ 태산은 태산대로 올라갈 방법이 있지 않겠어요? 같이 방법을 찾아요. 어서 돌아오세요.

해결책이 다 간단하죠? 친구들은 비법을 알려 준다면서 몸에 힘을 빼라는 간단한 말만 하더군요. 그런데 결국 그 말이 정답이었어요.

물에 빠질 경우를 생각지 말고 몸에 힘을 빼야 하는 것처럼 완벽한 영어를 구사하겠다는 생각을 버리면 영어가 가벼워져요.

사전을 칠하면서 나오는 단어들을 완벽하게 외우려고 들면 단어에서 자유로워지기가 정말 힘들어요. 그냥 반복만 한다는 각오로 하면 스트레스도 덜 받아요.

단어를 만나는 그 순간만 외운다고 생각해 주세요. 돌아서면 잊어버리는 게 오히려 당연한 거죠. 그렇게 여러 번 만날수록 많은 단어들이 어느새, 나도 모르게 '내 친구'가 되어 있을 거예요.

## 나이키와 마이마이

고등학교 때 나이키 운동화, 조다쉬 청바지 같은 브랜드들로 난리가 났었어요. 당시에 사춘기 아이들의 혼을 쏙 빼 놓던 이름들이죠. 조르고 졸라 기어이 나이키 운동화를 사던 날 아빠가 한 말씀하셨어요. 무슨 애들 신발이 어른 구두 값보다 비싸냐고.

운동화를 사고 나서 얼마 뒤 저는 마이마이(카세트 플레이어)가 갖고 싶어졌어요. 요즘에는 MP3이지만 그때는 카세트테이프로 음악을 듣던 시절이었거든요.

나이키 운동화를 괜히 샀다 후회가 들 만큼 마이마이는 꼭 가지고 싶은 물건이었어요. 그 마음은 날이 갈수록 눈덩이처럼 불어났죠. 그리고 이 눈덩이는 더 이상 내가 감당할 크기가 아니라는 결론에 다다랐어요.

죽기밖에 더하겠어? 라는 결심으로 마이마이를 사 달라고 했어요. 마이마이의 가격을 들은 부모님의 놀란 눈빛이 아직까지 눈에 선해요.

그런데 말을 하기 전에는 그렇게 망설였는데 막상 말을 꺼내고 나니 용기가 마구 뻗치더라고요.

이거만 있으면 공부 무지하게 잘할 수 있다, 이거 없으면 죽을 것 같다, 나이키 내다 팔자, 앞으로 절대 다른 물건을 탐내지 않겠다 등등 생각해 낼 수 있는 모든 말로 애걸복걸했답니다.

그러던 어느 날, 황진이 사모하다 상사병 걸려 죽게 된 총각마냥 시름시름 앓는 딸을 불쌍히 여긴 엄마가 저를 불렀어요.

"그렇게 갖고 싶어?"

직감적으로 알았어요. 판세가 지금 나에게 대단히 유리하게 가고 있다는걸요. 괜한 헛소리로 엄마를 자극해서는 안 된다! 생각했죠.

아주 불쌍한, 그리고 반짝거리는 눈빛으로 고개를 끄덕였어요.

"사 주마."

만세!

"한 가지 조건이 있어. 마이마이는 네가 그렇게 병든 닭처럼 돌아다니면서 원할 만큼 가치 있는 물건이 아니야. 네 말처럼 그게 있다고 공부가 잘될 것도 아니고, 세상의 행복을 다 얻을 수 있는 것도 아니야. 사고 보면 정말 아무것도 아니야. 나이키랑 똑같아."

계속 이어지던 엄마의 말씀.

"다만 무언가를 간절히 원하는 이 마음을 기억해. 지금은 내가 사 주지만 앞으로는 어떻게 하면 네가 원하는 것을 네 스스로 얻게 될지 연구해 봐. 마이마이 같은 것에 힘 빼지 말고 좀 더 크고, 가치 있는 걸 원해 봐. 지금처럼 간절히, 그리고 끈질기게 원해서 꼭 가지고야 마는 습관을 길러 봐. 네가 그걸 약속하면 사 줄게."

그때는 솔직히 그 말이 귀에 들어오지 않았어요. 거의 포기했던 마이마이를 갖게 되었다는 벅찬 환희 때문에 이미 오감은 마비되었고, 죽으라면 죽는 시늉까지도 할 판이었어요. 무조건 고개를 끄덕였어요.

팝송에 빠져 있던 시절이었으니 마이마이를 보물단지 모시듯 했어요. 마이마이는 과연 매달릴 만한 가치가 있었어요. 엄마와의 약속은 한 귀로 듣고 한 귀로 흘려 버렸어요. 그것 말고도 엄마와 한 약속은 수도 없이 많았으니까요.

그런데 세월이 흐르면 흐를수록 그 약속은 항상 마음속에 그림자처럼 사라지지도 않고 남아 있어요. 도대체 저는 마이마이를 사기 위해 무슨 약속을 한 걸까요? 어른이 되고 엄마가 사무치게 그립고, 엄마 생각에 눈물을 찔끔거리는 날에는 어김없이 이 약속이 떠올랐어요.

크고 가치 있는 일이 도대체 뭘까요?

마이마이 하나에 목숨을 걸던 어.리.석.은. 딸에게 엄마는 마이마이 하나를 사 주며 그보다 몇 배 소중한 약속을 받아 낸 거예요. 엄마는 대단히 남는 장사를 하신 거지요.

고작 이삼 년 쓰고 버릴 마이마이 하나 사고 저는 '평생에 크고 가치 있는 일은 무엇인가?'를 늘 고민하며 사는 삶을 살고 있으니까요.

저도 여러분들께 마이마이를 하나 사 드리고 싶어요. 그래서 무슨 일이 있어도 포기하지 않고 영어를 끝내겠다는 약속을 받아 내고 싶은 마음이에요.

제가 평생을 그 약속에 시달린 것처럼 여러분들이 시달릴 그런 약속을 받아내고 싶어요.

# 사전 칠하기 2단계

## 2주 안에 끝내 주세요

1 '사전 칠하기 1단계'에서 아는 단어와 파생어들을 다 칠하셨나요? 이제 다시 사전의 시작 부분, A 챕터를 펼치세요.

2 '사전 칠하기 1단계'에서와 다른 색깔의 색연필로 중요한 단어들에 색칠해 주세요. 1단계에서 칠하지 않은 단어들 중에 중요한 단어에 색칠하는 거예요.

3 중요한 단어의 파생어들까지 모두 색칠해 주세요.

4 중요한 단어도 아니고, 아는 단어도 아니지만 이건 정말 알아두는 것이 좋겠다 싶은 단어도 색칠해 주세요. 물론 그 단어의 파생어들도 모두 색칠해 주세요.

>> '사전 칠하기 2단계'에서도 눈에 편안한 색깔을 선택하는 게 좋아요. 중요한 단어도 꽤 많으니까요. 참고로 저는 연한 파란색을 선택했어요.

>> 중요한 단어를 어떻게 아냐고요? 사전을 보면 중요한 단어들에

표시가 돼 있어요. 민중서림의 사전 같은 경우에는 빨간색 글자로 쓰여 있죠. 별표로 표시된 사전도 있어요. '사전 칠하기 2단계'는 사전에 표시된 중요한 단어들에 색칠을 하는 거예요.

>> 만약 가지고 있는 사전에 중요한 단어가 표시되어 있지 않다면? 그럼 스스로 판단해서 중요해 보이는 단어에 색칠하면 돼요. 중요하지 않은 단어에 잘못 칠하지 않을까 염려하지 않으셔도 돼요. 빠뜨렸을까 봐 멈칫하지 마세요. 그냥 쭉 읽으며 칠하는 것이 중요해요. 실수들은 그냥 넘어 가세요. 외우려고도 하지 마세요. 그냥 한 번 읽어 본다는 마음으로 가볍게 해 주세요.

2

# 쓰는 것이 남는 것이다

## 어렵다는 건 느낌일 뿐

프랑스에서 딸이 네다섯 살쯤 되었을 때였어요. 동네에 딸의 친구인 에릭이 살고 있었는데 그 아이의 엄마가 근처 농장에 당근을 사러 간다고 같이 가자고 하더라고요.

저는 운전을 못하던 시절이라 마음 깊이 감사하며 따라 나섰어요. 에릭과 제 딸은 동갑 친구지만 에릭의 엄마는 저보다 열 살도 더 많았지요.

에릭 엄마는 미국인이었어요. 남편이 프랑스인이라 남편 따라 프랑스에서 살고 있었지요. 에릭 엄마는 정말 고맙게도 같은 이방인 처지였던 저를 따뜻하게 챙겨 주곤 했어요. 프랑스에서 영어로 읽은 책 중의 반 이상은 에릭 엄마가 빌려 준 책들이었어요.

그날도 에릭 엄마는 집에만 있는 저를 위해 농장 행을 권유했어요. 오하이오였던가, 미국의 시골 마을에서 자랐다는 에릭 엄마는 아이들을 데리고 나가 자연을 보여 주는 일에 적극적이었어요.

농장에 갔더니 흙 속에서 당근을 직접 캐서 바구니당 돈을 내고 사 가는 거였어요. 저는 춥기도 하고 흙 만지는 일에 그다지 흥미가 있는 편도 아니어서 그냥 주위를 두리번거리고 있었어요. 그런데 갑자기 저쪽에서 꺄악 하는 소리가 들렸어요.

소피가 지르는 소리였어요. 소피는 에릭의 한 살 터울 여동생이에요. 무슨 일인가 싶어 갔더니, 세상에! 소피가 지렁이를 들고 있더라고요. 처음에는 소피가 놀랍고 무서워서 소리를 지른 줄 알았어요. 얼른 주위를 둘러보며 에릭 엄마를 찾았어요. 어른 체면이지만 저도 무서웠거든요. 어릴 적 비 온 다음 날 학교에 가려고 집을 나서면 여기저기 꾸물꾸물 기어 다니던 지렁이들이 어찌나 끔찍하게 싫었던지.

그래도 혹시라도 에릭 엄마가 멀리 있으면 제가 눈 딱 감고 지렁이를 치워 줄 결심이었어요.

그런데 소피의 비명은 무서워서가 아니고 반가워서였어요.

지렁이를 손에 든 소피는 좋아서 입이 귀에 걸려 있었어요. 그러더니 갑자기 지렁이에게 뽀뽀를 했어요. 그 믿을 수 없는 광경에 파랗던 하늘이 노래지더라고요.

충격을 받아서 정신이 없는 와중에 지렁이는 땅을 비옥하게 해 주는 고마운 동물 어쩌고 하는 소리를 들은 것 같아요. 소피가 제 딸에게 열심히 설명하고 있었어요. 그 얘기를 진지하게 듣던 제 딸도 귀엽다느니 어쩌니 하더니만 갑자기 지렁이에게 뽀뽀를 하려고

드는 거예요.

소피의 뽀뽀는 눈 깜짝할 새에 일어난 일이라 어쩔 수 없었지만 제 딸은 말렸어요.

겨우 네 살밖에 안 된 소피는 자기 엄마한테 들은 게 많아서인지 당시 스물 몇 살이던 저보다 더 자연에 대한 상식이 풍부한 것 같았어요.

근처에 있던 에릭 엄마가 곧 왔고, 자연을 사랑하는 그녀도 자신의 딸이 지렁이에게 뽀뽀하는 건 말렸어요.

그날 밤 저는 잠이 오질 않더라고요. 낮의 사건이 자꾸 떠올라 아주 오랫동안 잠을 이루지 못했어요.

'지렁이 = 당연히 징그러움'이라는 공식이 깨졌기 때문이에요. 지렁이가 누군가에게는 징그럽지 않을 수도 있다는 것이 제게는 너무나도 충격이었어요. 저는 왜 누구나 지렁이를 싫어할 거라고 생각했을까요? 에릭 엄마는 소피에게 지렁이를 긍정적으로 생각하도록 가르쳤더라고요. 더구나 제 딸도 소피하고 죽이 맞아 귀엽다를 연발했어요.

내가 당연하다고 생각하는 것들 중에서 당연하지 않은 것들이 생각보다 많을지도 모르겠다는 생각이 들기 시작했어요. 세상이 훨씬 크고 다양하게 느껴지면서 제 안의 벽이 무너지는 것 같았어요. 그동안 못할 거라고 포기했던 일들이 큰 가능성을 가지고 빛나는 것 같기도 했어요.

그날 이후로 저는 무조건 받아들이지 않고 조금 더 깊이 들여다 보는 습관이 생겼어요. 아직 세상에 덜 길들여진 아이들의 순수하고 투명한 사고방식이 저를 흔들어 깨운 거예요.

제가 사랑할 수 있는 것들이 많아질 것 같은 행복한 예감이 들었어요. 그렇다고 해서 지렁이들이 귀여운 것들로 변한 건 아니에요. 지렁이들에게는 대단히 미안하지만 아직까지도 그들은 징그러워요. 비 오는 날이건 아니건 무조건 만나고 싶지 않아요. 하지만 새로운 눈으로 조금만 더 자세히 바라보면 반짝반짝 빛나는 것들이 세상에 훨씬 많을 거라는 예감으로 두근거렸어요.

그 뒤로 싫어하는 것들이 생기거나, 어렵다고 피하게 되는 일이 일어나면 정말 그럴 만한 타당한 이유가 있는 것일까, 깊이 생각해 보게 됐어요. 남들의 이야기만 듣고 지레 짐작해서 그러는 건 아닐까 돌아보게 됐어요.

세상에 어려운 일은 실제로 없을지도 모른다, 어렵다고 믿고 있는 우리들이 있을 뿐이라는 생각이 들었어요. 어려워서 어려운 게 아니라 몰라서 어려운 거고, 방법을 찾지 못해서 모르는 거예요. 그러니까 방법만 알면 어려운 게 없는 거죠. 어렵다는 건 진실이 아니라 느낌일 뿐일지도 몰라요.

## 오즈의 마법사

『오즈의 마법사』는 토네이도에 휩쓸려 이상한 나라에 떨어진 도로시가 집으로 돌아가기 위해 오즈의 마법사를 찾아가는 얘기예요. 그리고 그 길에서 용기를 가지고 싶은 사자, 뇌를 가지고 싶은 허수아비, 심장을 가지고 싶은 양철 나무꾼을 만나 같이 모험을 하게 돼요. 사실 너무나도 유명한 얘기예요.

그런데 오즈의 마법사는 정말로 마법을 부리는 마법사가 아니었어요. 그냥 평범한 노인이었어요. 그런데도 사자, 허수아비, 양철 나무꾼의 소원을 들어주었답니다.

하지만 실은 사자는 두려움에 맞설 수 있는 상태였고, 허수아비는 지혜를, 양철 나무꾼은 따뜻한 마음을 이미 가지고 있었던 거예요.

가르치는 일을 하면서 저는 제가 그 오즈의 마법사 같다는 생각을 많이 했었어요.

영어를 원하는 분들 중엔 이미 영어의 큰 틀을 가지고 있는 경우가 무척 많아요. 다만 정리가 되지 않아 사용하지 못하는 것뿐이에요.

영어 공부를 통해 없던 영어 실력을 만드는 게 아니고, 원래 지니고 있었지만 있는 줄도 몰랐고, 사용도 하지 못했던 영어를 꺼내서 다듬으면 되는 거예요. 저는 여러분이 원래 가지고 있는 실력을 꺼내는 일만 할 거예요.

여러분들이 가진 그 실력이라는 게 뭘까요?

**첫째,** 한국어를 유창하게 한다는 건 이미 한 언어를 할 수 있다는 거예요. 원칙적으로 한 언어를 잘하면 다른 언어 배우기는 무척 쉬운 일이에요. 한번 빨간색 원피스를 만들어 본 사람이 다음에 파란색 원피스를 쉽게 만들 수 있는 것처럼요. 빨간색 원피스를 처음 만들 때는 배워야 할 것이 산더미였지만 한번 만들고 나면 다른 색 원피스 만들기는 일도 아니지요. 비교하자면 한국어는 빨간색 원피스이고, 영어는 파란색 원피스에요. 빨간색 원피스와 파란색 원피스를 '원피스'라는 범주로 묶을 수 있는 것처럼 한국어와 영어는 '언어'라는 범주로 묶을 수 있으니까요.

**둘째,** 그럼에도 불구하고 영어가 어렵게 느껴지는 이유는 사실 단어(거듭 말하지만) 때문이에요. 한국의 교육 과정을 거쳤다면 중학교까지만 공부를 했어도 영어의 기본은 다 배운 셈이고, 고등학교를 다니기만 했어도 상당한 수준의 단어를 한 번씩은 들어 본

셈이랍니다. 공부를 했는지 안 했는지는 중요하지 않아요. 일단 수업 시간에 앉아 있기만 했다면요.

한 번이라도 들어 본 단어들은 사전 칠하기를 통해서 더욱 익숙해질 수 있어요. 이제 베껴 쓰기까지 완수하면 금방 외울 수 있고요. 마지막에 독서로 마무리하면 완전히 내 것이 되는 단어들이 기하급수적으로 늘어난답니다.

그러니까 많은 분들이 이미 자신의 것이 될 예비 후보 단어들을 잔뜩 가지고 있는 거예요.

'에이, 설마' 하는 분들은 사자, 허수아비, 양철 나무꾼과 같은 분들이에요. 누구보다 용기가 있었던 사자, 누구보다 지혜로웠던 허수아비, 누구보다 사랑이 많았던 양철 나무꾼처럼 자신이 뭘 가지고 있는지 모르는 거죠.

자신의 잠재력을 믿어 보세요.

# 사전 단어 베껴 쓰기

## 5주 안에 끝내 주세요

1 사전 칠하기 1단계와 2단계를 모두 끝내셨나요? 이제 본격적으로 단어 쓰기를 할 차례예요. 노트를 준비해 주세요.

2 사전 칠하기 1단계와 2단계를 통해 색칠한 단어들을 한 번씩 쓰세요. 모든 단어들을 다 쓰세요.

3 사전에 색칠한 단어들을 한 번씩 쓰는 일이 끝났다면 맨 처음으로 가서 옆에 4번을 더 써 주세요. (『트레이닝북』 10p) 그러니까 한 단어를 도합 다섯 번 쓰는 거예요.

>> 노트는 줄이 있는 것이 좋아요. 그리고 한 줄에 한 단어씩만 쓰세요. 외울 필요는 없어요. 하지만 쉽지는 않을 거예요. 사전에 칠한 단어들을 모두 베껴 써야 하니까요.

사전을 칠하느라 고생 많이 했는데 더 막막한 여정 속으로 들어가는 것 같나요? 해도 해도 끝이 안 날 것처럼 느껴질 수도 있어요. 하지만 사전 칠하기 1단계와 2단계가 금방 끝난 것처럼 이것도 생각보다 금방 끝나요. 일단 시작만 해 보세요. 할 수 있어요!

>> 사실 단어들을 백날 써도 절대! 외워지지 않아요. 아니 잠시는 외워져요. 그런데 그렇게 외운 단어들은 전부 날아가게 돼 있어요. 그런데 왜 베껴 쓰냐고요? 단어와 친해지기 위해서예요. 처음부터 사귀려고 욕심 내지 마세요. 사람도 친해지려면 자꾸 만나서 계속 얘기를 나눠야 하듯이 단어도 자꾸 만나고 인사하고 알아보고 하는 과정을 거쳐야 비로소 자기 단어가 된답니다.

>> '사전 단어 쓰기'도 되도록 빨리 끝내 주세요. 한 번씩 베껴 쓰는 건 2주 안에 끝내고 4번씩 베껴 쓰는 건 3주 안에 끝내도록 해요.

## 부담(?)스럽지 않게 쓰는 방법

프랑스에 가서는 12월 31일마다 괴로웠어요. 누가 연기 대상을 받는지, 가요 대상을 받는지 생생하게 보지 못해서요. 그때는 인터넷이 지금처럼 발달하지 않았거든요. 연예계 소식이 가족들 소식만큼이나 궁금했답니다.

저는 태어날 때부터 드라마와 영화를 좋아했어요. 프랑스에서 살 때 이를 악물고 오직 프랑스어! 오직 외국어!를 외치던 몇 년을 제외하고는 한국 드라마를 쭉 지켜봐 온 산 증인이에요. 안 본 드라마가 거의 없어요.

제가 워낙에 월화드라마, 수목드라마, 주말드라마, 일일드라마 등 모든 드라마를 섭렵하는 스타일인데 요즘은 바빠서 보지 못하고 지나가는 드라마가 너무 많아요.

그 많은 외국어를 공부하면서 TV는 언제 보냐고요? 저는 단어를 쓰면서 TV를 들어요. 듣다가 중요하다 싶은 장면이 나오면 목도 쉴 겸 고개를 들어 잠시 쳐다보고 다시 고개를 숙여 쓰지요.

이렇게 TV를 들으며 '쓰기'를 하면 공부가 덜 지루해요.

몇 시간씩 집중해서 공부하기란 정말 어려워요. 그래서 저는 공부 방법을 단순하게 만들었어요. 이렇게 TV를 틀어 놓고 쓰다 보면 시간이 정말 빨리 지나간답니다.

저는 아마 TV가 없었다면 이렇게 지속적으로 공부할 수 없었을 거예요. 몇 시간씩 단어를 반복해서 쓰는 지겨운 일은 맨 정신으로는 도저히 불가능해요. 드라마를 틀어 놓아야 가능해요.

틀어 놓아도 보지는 않기 때문에 보통 드라마의 대사는 기억해도 드라마 세트나 등장인물들의 얼굴은 잘 보지 못해요. 하지만 언젠가 때(?)가 오면 아무것도 하지 않고 오직 드라마만 온전히 즐길 수 있겠죠.

지금은 드라마 한 회 볼 시간이면 단어를 얼마나 많이 쓸 수 있는지 계산이 돼서 선뜻 드라마만 보기가 힘들어요.

어쨌든 드라마를 들으며 쓰다 보면 시간이 어떻게 지나가는지 몰라요. 재미있게 드라마도 봤는데(아니 들었는데) 단어며 숙어가 가득 채워진 노트도 남게 되니 일석이조인 셈이지요.

사실 외우려고 단어를 쓰는 것이 아니에요. 그렇게 쓴다고 해도 어차피 외워지지도 않을 단어예요. 악을 쓰고 집중할 필요가 없어요. 그렇게 용을 쓰다 보면 오히려 금방 지쳐서 공부를 지속할 수 없어요.

단어를 쓰는 이유는 익숙해지려고 하는 거예요. 쓰면서 보고 또 보고 하는 과정이 쌓이다 보면 어느새 단어가 익숙해져요. 그러다 정말 익숙해졌다 싶으면 그때 외우는 거예요. 그럼 의외로 한꺼번에 많이 외울 수 있어요.

다만 어느새 TV를 보게 되는 자신을 억제할 수 없다면 드라마를 보는 것은 자제해 주세요. 다른 걸 듣는 방법을 강구하는 게 좋을 것 같아요. 라디오를 듣는다든지 음악을 듣는다든지요.

## 쓰기를 예술로 승화시켜 볼까요?

막 쓰면서 공부하다 보면 다들 한번쯤은 몸살을 앓아요. 학창 시절 이후로 안 쓰던 손가락 근육을 갑자기 많이 썼기 때문에 아프기도 하지만 그보다는 쓰다 보면 막연하게나마 생기는 확신이나 성취감 때문에 내처 달리다 보니 무리를 하는 경우가 많아요.

그런데 영어를 어떻게 해결하나 가슴을 치며 백날 괴로워하는 것보다는 몸살 한번 앓고 지나가는 것이 백 번 나을 거예요.

몸살이 한번 지나가면 그다음부터는 한결 편안해지거든요. 아프고 나면 비 온 뒤에 땅이 굳는 것처럼 자신감이 생겨요. 하지만 이건 아픈 가운데에서도 리듬을 잃지 않았을 경우에만 해당돼요. 아프다고 확 그만둬 버리면 다시 시작하기는 여간 힘든 게 아니에요. 혹시 몸살이 와도 양은 조절하되 전진은 계속해 주세요.

또 쓰기를 오래 지속하기 위해서는 만반의 준비가 필요해요. 먼저 종이 질이 좋은 노트와 필기감이 좋은 펜을 갖추는 게 중요해요. 조금 비싸더라도 젤펜이 좋아요. 손이 편해야 오래 쓸 수 있어요.

언뜻 사소해 보이지만 공부를 오래 지속하기 위해서는 꼭 지켜야 할 것들이에요. 작은 가시는 별것 아닌 것 같지만 손에 박히면 온 신경이 집중돼서 결국 아무것도 못하게 돼요. 공부에 작은 가시가 될 만한 것들을 미리 치워 두는 게 중요해요.

빨리 쓰려고 글씨를 휘갈겨 쓰면 팔이 더 아파요. 천천히 예쁘게 쓰는 편이 힘도 덜 들고 쓰는 즐거움이 배가된답니다. 대신 또박또박 힘주어 쓰지는 마세요. 손목과 손가락에 무리가 가요. 최대한 힘을 빼고 쓰는 게 좋아요. 그리고 글씨는 되도록 최대한 작게 써 주세요. 호연지기를 자랑하며 크게 쓰다간 팔이 빠지게 될 거예요.

또 쓰다가 실수한다면 줄을 긋지 말고 하얗게, 깨끗하게 지우도록 해요. 그러면 다시 볼 때 기분이 좋아요. 내가 일단 쓴 단어 노트는 내가 만든 나만의 영어 교재가 될 거예요. 앞으로 계속 보고 또 봐야 해요.

간단하게 정리하면

❶ 좋은 노트와 젤펜을 준비한다.

❷ 되도록 손목과 손가락에 힘을 뺀다.

❸ 글씨는 최대한 작게 쓴다.

❹ 글씨는 최대한 천천히 예쁘게 쓴다.

❺ 실수한 글자는 깨끗하게 지운다.

## 오른손이 하는 일을 왼손이 알게 하라

오른손잡이에게만 해당하는 이야기이지만 아아, 오른손이 하는 일을 왼손은 왜! 어째서! 못하는 걸까요? 물론 왼손잡이의 경우에는 오른손을 아쉬워하겠죠.

저는 오른손잡이인데 왼손으로 쓰기를 몇 번 진지하게 시도해 봤어요. 눈으로는 단어를 백날 읽어도 효과가 없잖아요. 단어는 눈으로는 들어가는 족족 튀쳐나와요. 73개 언어를 어떻게 해서든 써서 해결해 보려니 손가락이 너무 아프더라구요.

물론 결과는 실패였어요. 왼손을 써 보지 않았으니까요.

한국어를 자유롭게 하는 우리가 영어를 하는 것은 왼손을 쓰는 것과 같아요. 그러니까 한국어는 오른손이고 영어는 왼손인 셈이지요. 쉽게 쓸 수 있는 오른손을 놔두고 왼손을 쓰기란 어려워요. 오래 사용해서 자유로워진 한국어의 편안함에 이미 익숙한 상태라 서

툰 영어의 불편함을 감내하기가 힘들어요.

미국인들은 영어를 유창하게 하기 위해 평생을 연습(?)해 왔어요. 우리는 그만큼의 연습이 없이는 절대 그들처럼 말할 수 없어요.

오른손을 다치거나 쓰지 못하게 된 분의 경우에는 어쩔 수 없이 왼손을 쓰게 돼요. 그러면 왼손을 잘 쓸 수 있게 되는데요. 비유하자면 영어도 마찬가지로 정말 많이 연습하면 잘할 수 있다는 말이에요. 딱히 미국인처럼 될 수는 없겠지만 잘할 수 있을 거예요.

오른손이나 왼손이나 손인 것처럼 한국어나 영어나 언어예요. 오른손이 하는 일을 왼손이 할 수 있는 것처럼 한국어를 할 수 있으면 영어도 반드시 할 수 있어요.

오직 영어에 익숙해지는 그 양을 채우기 위해 세월아, 네월아 천천히 하지 말고 후다닥 해 주세요.

3

# 영어가 솜털처럼 가벼워지려면?

## 꼭 독서여야만 하는 이유

중학교 들어가기 전 겨울방학에 영어를 만나 사랑에 빠진 이후로 제 인생은 어학과의 한평생이었어요. 어학과 관계없었던 적이 제 인생에 단 한순간도 없었던 것 같아요. 갈피갈피 사연도 많고, 기승전결도 있고, 인생의 희노애락까지 어학으로 설명할 수 있을 것 같아요.

풀어내고 싶은 이야기가 가슴속에 산더미지만 어학에 목숨 건 삶을 살며 가장 벅찼을 때는 아무래도 프랑스에 가서 살면서 프랑스어가 들렸던 순간이지 싶어요. 그 순간이 그냥 온 것이 아니고 처절한 노력과, 절망과 그리고 포기라는 과정을 거치며 드라마틱하게 왔기 때문이에요.

처음 배웠던 영어와 독일어에서도 이따금 아픔이 있었지만 어찌 프랑스어에다가 댈까요. 영어나 독일어는 그냥 공부였지만 프랑스어는 삶이었어요. 프랑스어로 병원에도 가야 했고, 딸도 키워야 했고, 관공서 일도 보아야 했고, 무엇보다 살아남아야 했어요. 다른 공부야 잘 안 돼도 두어 밤 뒤척이면 잊을 수 있지만, 삶이 걸려 있는 프랑스어가 주는 고통은 심장을 따갑고 아리게 했어요.

사전까지 다 외우며 정말 죽어라고 공부를 했는데도 듣기 실력은 별로 좋아지지 않았어요. 아예 안 들리는 건 아니었지만 고장 난 기차처럼 가다 서다 하는 기분이었어요.

도대체 아무 일도 제대로 해결할 수 없었어요. 매번 안 들리는 프랑스어를 들으려고 기를 써야 했고 그런 날 밤은 긴장감 때문에 온몸이 아프기까지 했어요. 그럴수록 더더욱 공부에 매진했어요.

하지만 진전이 없었어요. 문법도 되고, 단어도 많이 알고, 해석도 문제없는데 뭘 더 해야 하느냐고요! 정말 미치고 팔짝 뛸 노릇이었어요. 주위에 물어봐도 역시나 신통한 대답은 돌아오지 않았어요.

'하다 보면 저절로 된다' 같은 애매한 대답은 지겨웠고, '시간이 지나면 해결된다'도 믿을 수 없었어요. 시간이 지나도 프랑스어 못하는 분들을 많이 봤거든요.

'노력하면 된다' 이 말도 싫었어요. 아, 글쎄 무슨 노력을 어떻게 더 하냐고요!

이리저리 애를 쓰고 용을 써 보다가 어느 날 포기해 버렸어요. 프랑스에 뼈를 묻을 것도 아닌데 너무 슬퍼하지 말자, 결심하고 듣는 일을 포기했어요.

나는 정말 바보인가 보다. 그렇게 공부를 했는데도 안 들리다니!

안 그래도 되는 일 없던 초반의 프랑스 생활에서 언어가 죽을 쑤고 있다고 생각하니 자존감은 바닥을 치고, 삶의 의욕도 팍팍 떨어지고, 위산은 이때다 싶어 마구 과다 분비되어 몸도 고달팠어요. 무엇보다 제 IQ가 그렇게 의심이 되더라고요.

그래서 한동안 열심히 보던 TV도 끊었어요. TV만 보면 울화가 치밀어 올랐어요. 더 이상 용을 쓰며 듣는 일을 하고 싶지 않았어요. 한마디로 피곤했어요. 피곤을 매일 의식하며 사는 것도 피곤했어요.

공부만 하던 삶에서 공부가 빠지니 그 빈 시간이 너무나도 컸어요. 그리고 프랑스어 듣기를 포기하니 너무 슬퍼져서 뭔가 재미있는 일, 나를 살리는 일을 해야겠단 생각이 들었어요.

책이다! 제 답은 책이었어요. 언제나 내 삶을 따뜻하게 만들어 주고, 용기도 주고, 위로도 해 주는 책!

프랑스 고전 문고판을 모조리 사다가 읽었어요. 그때 만난 프랑스 문학의 아름다움은 정말 말로 다 표현 못 해요. 더구나 큰 절망과 고통 끝에 만난 것들이라 더 큰 위안이었고, 더 큰 감동이었어요.

사전으로 단어를 다진 터라 책들은 술술 읽혔어요. 허겁지겁 읽어 대며 프랑스어 듣기를 포기한 것에 대한 슬픔을 잊었어요. 듣기는 안 되지만 열심히 공부한 덕분에 읽기는 정말 잘하고 있다는 것이 위안이 되었어요. 이렇게 읽다 보면 나도 좋은 작품을 쓸 수 있을지 모른다는 새로운 기쁨과 희망이 다시 제 삶을 비추기 시작했어요.

그러던 어느 날 설거지를 하고 있었어요. 거실에서는 딸이 TV를 보고 있었고요. 엘렌이라는 아가씨가 나오던 유명한 드라마였는데 어린아이들 사이에서 선풍적인 인기였어요. 딸이 소리를 크게 해 놓고 보고 있었는지 소리가 다 들리더라고요. 근데 거기서 어떤 남자애가 싸가지 없는 소리를 하는 거예요. "나쁜 놈!" 하면서 다음을 계속 들어 봤어요. 딸이 나중에 그런 나쁜 놈을 만나면 안 되니까요.

그렇게 듣다가 문득 깨달았어요. 제가 기를 쓰지 않고도 다 듣고 있다는 걸요. 정말 하나도 빠짐없이 다 들리더라고요. 어찌된 일일까요? 그렇게 속사포 같던 프랑스 말이 슬로모션으로 돌아가는 것 같았어요.

프랑스 말이 완전히 들리고 있다는 걸 직감적으로 깨닫자 믿을 수가 없었어요. 그리고 이 순간이 꿈일까 봐 잠깐 두려웠어요. 어찌된 일인가. 가슴은 방망이질을 해 대고.

저는 살며시 수돗물을 잠갔어요. 이 기적 같은 순간이 와장창 깨질까 고무장갑도 벗지 못하고 가만가만 TV 앞으로 갔어요. 정말 다 들리는가? 한 30분을 망부석처럼 그 자세로 숨도 쉬지 않고 들었는데 다 들리더라고요.

만세!

그 순간이 제가 프랑스어로 귀를 연 순간이었답니다. 그 뒤부터는 다 들렸어요. 속사포였던 프랑스어는 살살 부는 봄바람이 되었어요. 제 인생에도 다시 봄이 찾아왔어요.

기뻐서 사랑하는 TV를 한동안 아예 끌어안고 살았어요. 이런저런 이유로 헤어졌던, 사랑하는 애인과 재회한 것처럼 기뻤어요. '잠시 너를 멀리하려 했던 날 용서해 줘. 절대 우리 사이가 그렇게 얄팍했다고 믿지 말아 줘' 하고 TV에게 사과도 했답니다.

저에게 어째서 그런 기적이 일어났을까요? 제 슬픔과 고통이 하늘에 닿아 하늘도 마음을 연 걸까요? 처음에는 저도 영문을 몰랐어요. 생각지도 못한 순간에 덜컥 예고도 없이 일어난 일이었거든요.

얼마 뒤에 그 이유는 책이라는 걸 알았어요. 들리지 않던 순간과 들리던 순간 사이에 제가 한 일은 무지막지한 독서뿐이었거든요. 독서를 하다 보니 속도가 늘어서 하루에 너무 두껍지 않은 책 한 권은 가뿐히 읽었어요.

독서를 하며 프랑스어 이해 속도가 빨라지다가 그 속도가 프랑스인들이 말하는 속도와 같아진 순간이 저도 모르게 온 거예요. 그래서 제 귀가 열리게 된 거죠.

확신은 있었지만 증거가 필요했어요. 그래서 나중에 새로운 언어들을 공부할 때 제가 다 실험해 보았어요. 제 생각이 맞았다는 걸 스스로 확인하고 싶었어요.

결론은 문법을 아무리 잘 알고, 해석을 잘해도 책을 읽기 전에는 안 들린다는 거예요. 그런데 책을 몇 권 읽고 나면 듣기가 정말 좋아지더라고요. 이걸 확인하는 과정도 정말 재미있었어요.

말이 들리는 순간은 결국 상대방의 말을 글로 적어 놓고 봐도 다 이해할 수 있는 독해 실력이 기본으로 깔려 있어야 가능해요. 책을 읽을 때 해석할 수 없는 문장이 듣는다고 이해되진 않거든요.

독해 실력은 문법과 단어로 키울 수 있어요. 하지만 문법과 숙어를 웬만큼 끝내 놓기에는 시간이 많이 걸려요. 우리는 우선 기초만 갖추고 책 읽기를 시작할 거예요. 들기가 되는 순간을 만들기 위해서 책은 무조건 많이! 읽어야 하기 때문에 어서 빨리 시작해야 해요.

걱정 마세요. 이제 막 단어의 기초를 쌓은(사전 단어 베껴 쓰기를 다 마쳤다는 전제하에) 여러분들은 쉬운 책들을 읽게 될 거예요. 다니엘 스틸과 시드니 셀던의 책들이에요. 이 두 사람의 책으로 독서의 양을 마구 늘리는 거예요.

질에 상관없이 책을 일단 많이만 읽어 놓으면 문법도 단어도 같이 좋아져요. 상호보완 작용을 하는 거죠.

책을 많이 읽어서 영어가 살살 부는 봄바람이 되어도 내가 모르는 단어는 여전히 들리지 않아요. 사전을 다 썼다고 해도 모르는 단어는 여전히 있을 테니까요. 그래도 좌절하지 마세요. 금방 극복할 수 있어요. 책을 읽으면서 그에 맞는 문법과 단어와 숙어를 동시에 하도록 해요. 이것도 쓰면(!) 된답니다.

# 다니엘 스틸 독서 목록

>> 사전 칠하기와 사전 단어 노트에 베껴 쓰기까지 다 했다면 책 읽기를 준비해 볼까요? 처음에 읽을 책으로 다니엘 스틸의 작품을 권해요.

### 다니엘 스틸(Danielle Steel) 독서 목록

1. 「**Dating Game**」
2. 「**Leap of Faith**」
3. 「**Malice**」
4. 「**The Promise**」
5. 「**Silent Honor**」
6. 「**The Gift**」
7. 「**Echoes**」
8. 「**Five Days in Paris**」
9. 「**The Ranch**」
10. 「**The Ring**」
11. 「**Zoya**」
12. 「**Full Circle**」
13. 「**Kaleidoscope**」
14. 「**Lighting**」
15. 「**Special Delivery**」
16. 「**His Bright Light**」
17. 「**The House On Hope Street**」
18. 「**Lone Eagle**」
19. 「**The Kiss**」
20. 「**Sunset In St. Tropez**」
21. 「**Second Chance**」

>> 자리가 제대로 잡히지 않은 상태에서 읽는 첫 번째 책은 내용 자체가 무겁지 않아야 하며, 너무 현학적이거나 전문적인 단어가 없어야 하고, 무엇보다 문장이 복잡하지 않아야 해요. 그런 책을 찾기는 쉽지 않죠. 그런데 다니엘 스틸의 작품들은 여기에 딱 적합한 책들이에요. 달달한 아침드라마용 내용이기는 한데 깊고 따뜻한 사람 얘기가 많고 역사 배경도 다양해서 지루하지 않게 영어 실력을 쌓을 수 있어요.
혹시 나와 안 맞는 내용이라는 생각이 들어도 조금만 참고 읽어 주세요. 다니엘 스틸의 작품만큼 쉽고, 부담 없이 읽으며 기초를 쌓을 수 있는 소설은 별로 없거든요.

>> 요즘은 교보문고, YES24, 알라딘, 인터파크 등 온라인 서점에서 해외 원서를 쉽게 구매할 수 있어요.

>> 책을 한꺼번에 다 사는 건 부담이에요. 그러니 한두 권씩 틈날 때마다 미리 장만해 두세요. 책은 준비해 놓되 아직 읽지는 말아 주세요. 문법과 숙어를 어느 정도 갖춰 놔야 책 읽기의 놀라운 효과를 더 잘 누릴 수 있거든요. 문법과 숙어 준비는 『트레이닝북』을 참고해 주세요.

>> 사실 독서는 2~3년쯤 충분히 준비를 해야 제대로 할 수 있어요. 하지만 그건 전혀 모르는 언어를 공부하는 경우의 얘기예요. 영어

를 2~3년이나 공부하라고 하면 너무 기간이 길어서 엄두가 안 날 거예요. 영어는 중고등학교 때 쌓아 놓은 기초도 있으니까 6개월 정도만 준비하고 독서를 시작하도록 해요.

**6개월 활용 팁** 사전 단어 칠하기와 베껴 쓰기를 되도록 2개월 안에 끝내고 나서 나머지 4개월은 문법과 숙어, 독서를 위한 단어 등을 준비해 주세요. 『트레이닝북』에 준비 방법과 기초 학습 사항이 나와 있어요. 독서 전에 준비를 많이 하면 할수록 좋지만 우선 이 정도만 해도 시작할 수는 있어요.

## 가구 장만의 즐거움

저는 자유로운 영혼의 소유자랍니다. 자유가 아니면 죽음을 달라 했던 페트릭 헨리를 덮어 놓고 존경해요. 그래서 미국에 와서 집을 살 때 한바탕 몸살을 앓았어요. 미국 집이야 어디 자기 집인가요, 다 은행 집이죠. 집을 산다고 생각하니 그게 혹시 나를 붙들어 매는 족쇄가 될까 싶어 겁부터 더럭 났어요. 신경이 곤두서서 잇몸이 다 들썩거렸어요.

그런데 막상 집을 사니 좋은 점이 한두 가지가 아니었어요. 자유로운 영혼 어쩌고는 금세 잊었어요. 늘 좁은 곳에서만 살다가 처음 들어가 본 미국 집은 정말 넓었어요. 매일 치우지 않아도 되겠구나 하는 생각이 들었어요. 우리 세 식구가 어질러 봤자 얼마나 어지를까 싶어서 마음 푹 놓고 먹는 것과 빨래에만 신경 썼어요. 정리를 하지 않으니 집안일이 한결 수월했어요.

이삿짐도 제대로 풀지 않고 그렇게 탱자탱자 지내던 어느 날, 더 이상은 안 되겠다고 결심했어요. 아직 몇 달은 더 어질러도 될 것 같았지만 정리가 되어 있지 않으니 어디에 뭐가 있는지 도무지 알 수 없었어요.

어느 날은 정장을 입으려고 했는데 속에 입을 블라우스를 도무지 찾을 수가 없었어요. 화장품 가방을 찾지 못해 화장을 못 한 날도 있었고요. 사 둔 카레 가루가 어디 있는지 몰라 그냥 김치하고만 밥을 먹은 날도 있었어요. 그 많은 손톱깎이는 왜 찾으면 없는지.

그래서 치우려고 팔을 걷어붙였는데 아아, 어디서부터 어떻게 치워야 할지 도무지 모르겠더라고요. 어지르기에 세 식구는 정말 많은 식구였어요.

한동안 손도 못 대고 멍하니 바라보다가 과감히! 가구를 구입하기 시작했어요. 아무리 치워 봐야 정리해 둘 가구가 없으면 금방 난장판이 될 테니까요.

가구를 구입하자 집 치우는 일은 정말 아무것도 아니었어요. 순식간에 깨끗해진 집은 평화를 되찾았죠.

영어도 마찬가지라고 생각해요. 제때 정리해 두지 않으면 뒤죽박죽 돼 버려 꺼내 쓸 수가 없어요. 단어니 숙어니 문장이니 하는 것들을 잔뜩 들여 놓긴 했지만 필요할 때 쓰려고 하면 막막해요.

필요한 순간에 찾지 못하는 블라우스나 손톱깎이처럼 그 하나의 단어가, 숙어가 떠오르지 않아요. 분명 영어를 영 모르는 것은 아닌데 말하려고 하면 아는 것이 하나도 없는 것 같아요. 억장이 무너지는 것을 감수하며 결국은 "저는 영어를 하나도 몰라요" 라고 얘기하게 되지요. 그 오랜 기간 공부한 영어는 도대체 어디로 간 걸까요?

여러분들 머릿속에 있는 영어의 집은 텅 빈 게 아니라 어질러진 거예요. 먼지가 풀풀거리고 살림살이들은 제멋대로 돌아다니는 집이지요. 내가 무얼 어디에 가지고 있는지 잘 몰라요.

그러니 가구를 장만해야 해요. 사전은 단어를 보관하는 가구가 될 거예요. 세상 거의 모든 단어가 다 들어 있는 사전에 줄을 쳐서 보관을 해 두면 정리도 손쉽고 어디 흘리지도 않아요. 찾기 좋게 단어는 알파벳 순서대로 항상 거기 있을 거예요.

문법도 기가 막힌 가구예요. 내가 모으는 문장들을 차곡차곡 정리해서 보관할 수 있게 만들어 줘요. 문법이라는 가구 안에 문장들을 넣어 놓으면 이해하기 쉽고 금방 외울 수 있어요.

문법 안에서 문장과 표현들을 모으다 보면 응용도 가능해요. 새로운 문장도 만들 수 있게 해 주는 문법은 정말 신통방통한 가구지요.

사전 공부 단계를 다 끝내셨다면 이제 문법을 할 차례예요. 문법을 기초부터 잘 따라하는 분들은 튼튼한 가구를 만들 것이고, 다 안다고 대충 하거나 조금만 하다가는 안타깝지만 삐걱거리는 가구를 만들게 될 거예요.

## 백전백패 영어 패잔병

미국에서 어학원을 할 때 A라는 학생이 있었어요. 저보다 나이가 많은 분이니 A님이라고 부를게요. 저를 찾아오던 날 A님은 너무 지쳐 보였어요. A님이 절망적인 표정으로 자기가 백전백패의 패잔병 같다고 말했을 때, 가끔 주책이 하늘을 찌르고 오지랖이 태평양 끝까지 뻗치는 저는 너무 가슴이 아파서 그만 "우리 같이 좀 울까요?"라고 할 뻔했어요. 아아, 백전칠팔십패도 아니고 백전백패라니요.

A님은 가방에서 이런저런 책들을 꺼냈어요. 한두 권도 아니고 얇은 책들도 아닌데 모두 손때가 장난 아니었어요.

이렇게 열심히 공부했는데 왜 패잔병이 됐을까요? 서른 무렵에 미국에 온 A님은 미국에서 산 지 어언 20년이 넘었다고 해요. 그동안 미국인에게 개인 과외를 받는 것은 물론이고 한국어와 영어가 동시에 되는 재미교포 2세들에게 지도를 받기도 하고, 교회에서 하는 영어 수업도 열심히 받고 대학교의 어학연수 과정도 수료했다고 해요. 거기다 책을 가지고 혼자서도 열심히 공부했죠.

하지만 A님은 자신이 하는 사업에 관련된 서류들을 100% 개운하게 읽을 수가 없었대요. 깐깐한 성격에 정말 답답한 노릇이었을 거예요. 미국인과 대화할 때도 가벼운 대화는 가능한데 조금만 이야기가 깊어지면 귀도 막히고 입도 막혔대요. TV도 마찬가지예요. 무슨 얘기인지 감은 잡겠는데 자세한 내용은 도무지 이해할 수가 없었대요.

실력이 안 느는 사람들은 설렁설렁 하니 그렇다고 해도 본인은 죽자고 하는데도 만날 그 모양이니 정말 답답하다며 한숨을 쉬었어요. 듣는 저도 덩달아 답답해졌어요.

그렇게 A님의 이야기를 다 듣고 있다가는 함께 끝없이 절망의 나락으로 떨어질 것만 같아 분위기 전환을 위해 제가 한마디 했어요.

"그런데 저 책들 말이에요. 정말 많이 보셔서 저렇게 된 건가요? 혹시 책을 볼 때마다 손을 씻지 않아서 몇 번 보지도 않았는데 까매진 거 아니에요?"

그날 그 자리는 그렇게 웃음으로 마무리할 수 있었어요.

모든 문제에는 반드시 해결책이 있어요. A님의 공부에 진전이 없다는 건 공부 방법에 뭔가 문제가 있다는 것이고 문제를 찾으면 해결책은 금세 보일 거라고 생각했어요. A님의 책들을 살펴보니 공통점이 있었어요. 책들은 모두 회화 책이었어요. 문법 책은 한 권도 없었어요.

A님은 조화로운 공부를 하는 대신 회화 책만 주구장창 판 거였어요. 문법은 들여다보지 않았다고 해요. 미국에 왔을 때 본인이 중·고등학교 다닐 때 배웠던 문법이 쓸모가 없다는 걸 느꼈대요. 그래서 20년 넘게 문법에 손도 대지 않아 백지 상태라고 했어요.

저는 A님이 학교 다닐 때 문법을 해 보려고 노력했는지 궁금했어요. 얼마만큼 수업 시간에 귀를 열고 있었는지 물어봤어요.

A님은 중·고등학교 다닐 때도 영어 문법이 항상 두려웠다고 해요. 하려고 하면 할수록 미로를 헤매는 기분이라 흥미를 잃어버린 거죠.

문제와 해결책을 다 찾았어요.

A님은 편식을 했던 거였어요. 아무리 안 좋다고 해도 고기는 양질의 단백질을 가지고 있어요. 고기를 안 먹는다면 고기의 단백질을 보충할 만한 다른 걸 찾아야 해요.

문법을 꺼리는 사람을 종종 만나곤 해요. 문법을 열심히 하지 않고도 만족스런 영어를 구사하는 경우도 많거든요. 저는 그분들의 의견도 존중해요.

그런데 문법을 공부하지 않고 어떻게 만족스럽게 영어를 하는지 의문은 가지고 있어요. 작문을 하고 복잡한 문장을 이해하려면 문법은 반드시 필요한데 문법 없이 감으로만 그게 가능할까요? 어쨌든 저는 문법을 익혀서 여기까지 왔으니까요.

A님이 저와 공부를 하려면 저의 방법을 따라야 했어요. 문법을

반드시 해야 한다는 저의 부탁에 A님은 주저하면서 말했어요.

“제가 정말 문법 쪽으로는 엉망입니다.”

저는 문법이 되면 서류 해석 능력이 급상승할 거라고 장담했어요. A님은 선뜻 저를 믿고 문법에 매진하겠다고 했죠.

먼저 미국 드라마 〈프렌즈〉의 대본으로 실력을 가늠해 봤어요. A님은 단어는 좀 알겠는데 문장 전체 뜻은 도통 해석이 안 된다고 했어요. 그건 숙어 때문이었어요.

“숙어도 해야겠군요.”

A님이 말했어요. 저는 「타임지」를 주고 모르는 단어에 빨간 줄을 쳐 보라고 했어요. 그랬더니 잡지에 온통 불이 났어요. 이렇게 어려운 단어를 모르니 뉴스가 절대 들리지 않는 게 당연했어요. 회화 책에 있는 단어들만으로는 뉴스를 이해하거나, 책을 읽거나, 긴 대화를 나눌 수 없거든요. 사전을 들고 어려운 단어도 공부하기로 했어요.

이렇게 문법도 해야 하고, 숙어도 해야 하고 단어도 해야 하지만 종합적으로 모든 것은 책과 함께 가야 해요. 책을 미국인이 말하는 속도로 읽을 수 있으면서 다 이해할 수 있게 된다면 그 순간이 영어가 들리는 순간이 될 거라고 말씀드렸어요.

A님은 꼭 책을 읽고 싶다고 했어요. 제 계획대로만 하면 이번에는 꼭 지긋지긋한 영어의 늪에서 나올 수 있을 것 같다며 설레는 마음을 감추지 않았어요. 처음과 달리 영어를 끝장낼 수 있겠다는 자신감으로 가득 찬 모습이었어요.

그런데 제가 찬물을 끼얹었어요.

"음, 제가 지금 몇 십 년을 영어와 함께하고 있지만 남은 공부가 태산이에요. 영어만 더 공부하고 싶을 때가 한두 번이 아니에요. 늪에서는 나올 수 있지만 끝장을 보기에는 아무래도 불가능합니다……."

그렇게 우리는 할 수 있는 것과 할 수 없는 것을 구분하고 앞으로 나가기 시작했어요.

## 언어 공부에 요행은 없다

단어도, 숙어도 해야 했지만 A님은 문법에 대한 두려움을 해결하는 것이 급선무였어요. 그래서 처음 한 달은 문법만 공부했어요.

일단은 전치사구 찾는 훈련(『트레이닝북』 16p)을 했어요. A님은 제가 준 신문 말고 다른 잡지에다가도 전치사구에 동그라미를 쳐 왔어요. 꼭 문법을 정복하고 싶은 마음의 표현이라고 했어요.

시제의 구조를 익히기 위한 You speak English 시제 공식(『트레이닝북』 44p)도 항상 더 써 왔어요. 평생 찝찝했던 시제가 이리 한눈에 보이니 손가락이 부러져도 쓰겠다고 했어요.

명사, 형용사, 부사의 개념도 확실히 잡고 가기로 했어요. 이것도 무지막지하게 썼어요. A님은 20번 쓰라고 하면 40번을 써 오는 괴력을 발휘했어요.

문장의 5형식(『트레이닝북』 57p)도 꼭 익혀야 했어요. 이것도 반복해서 썼어요. 주어, 보어, 목적어가 얼마나 중요한지 매일 반복했어요. 단어, 구, 절을 찾는 훈련도 했어요.

A님은 정말 열심히 했어요. 매일 눈이 빨갛게 되어 나타나며 내준 것보다 훨씬 더 많은 숙제를 해 오곤 했어요. 그렇게 한 달 내내 충혈된 눈으로 나타나는 A님을 위해 진도를 마구마구 나갔어요. 겨우 한 달 죽도록 한다고 설마 무슨 일이야 날까 하는 마음이었어요.

A님은 지나가는 말처럼, 한숨처럼 문법이 이렇게 재미있을 수 있다는 사실이 믿어지지 않는다고 했어요.

한 달 뒤에 A님은 쓰면서 정리한 문법을 문제집을 풀며 다듬기 시작했어요. 드디어 A님의 문법은 튼튼하게 자리 잡았고 20여 년을 안개 속에서 헤매던 서류 해석에서 98%의 만족도를 자랑하게 되었어요.

무역 송장이나 계약서 등 공식적인 문서에는 숙어나 애매한 표현들이 많지만 단도직입적인 내용이고, 문장 구조도 의외로 간단해서 문법만 잘 잡으면 금방 읽을 수 있거든요.

어쨌든 문법의 뼈대를 완성했으니 저는 A님이 만족하리라 생각했어요. 그런데,

"저는 지금 정말 괴롭습니다."

A님이 청천벽력 같은 말을 했어요. 그리고 처음 온 그날처럼 가방에서 뭔가를 꺼냈어요. 백전백패의 패잔병 같다는 말을 하던 첫날보다 더 지친 모습으로요. 한 달 동안 초인적인 능력으로 숙제를 하느라 지쳤겠지만 다른 뭔가가 있는 것이 분명했어요. 저 가방에

서 도대체 뭐가 나올 것인지 제 심장은 오디션 프로그램에서 합격자 발표를 기다리는 것처럼 뛰었어요.

이번에도 그 가방에서 나온 것들은 책이었어요. 이번에는 회화 책들이 아니라 문법 책들이었어요. 책의 종류는 달랐지만 익숙한 손때가 묻어 있었어요.

"제가 사실은 선생님께 거짓말을 했습니다."

책들을 자세히 들여다보니 자잘한 글씨는 모두 A님의 것이었어요. 책들 중에는 최근에 나온 것도 있었어요. 20년 넘게 문법을 안 했다는 말은, 그러니까 거짓말이었어요.

"괜찮아요. 그럴 수도 있죠. 원래 많은 분들이 자신의 문법 실력을 부끄럽게 생각해서 문법 공부를 하고도 안 했다고 하곤 해요. 괜찮아요. 그럴 수 있어요."

그렇게 안간힘을 쓰며 위로하는 저에게 A님이 말했어요.

"선생님께 한 거짓말 때문에 괴로운 게 아닙니다."

A님은 저랑 공부를 시작하고 처음에는 기가 막혔다고 해요. 혹시 한글 학교 다니는 거 아니냐는 가족들의 놀림은 그렇다고 해도 두세 번 반복도 아니고 몇 십 번, 때로는 백 번도 넘게 시키는 반복에 어이가 없었다고 해요.

그냥 일단 베끼고 쓰기만 하라는 저의 방식이 정말 이해가 가지 않았지만 뭔가 있겠지 싶어서 일단 기다리기로 했대요. 어학원의 다른 학생들에게 물어봐도 조금만 기다리면 금방 알게 된다는 대답만 들었대요.

며칠 뒤, 뭐가 해결되는지 깨달았대요. You speak English 시제 공식을 셀 수 없이 쓰고 나서 그렇게 복잡하게만 느껴졌던 시제가 과거, 현재, 미래로 분류되면서 구조가 명쾌하게 보이는 신비한(?) 체험을 했대요. 그래서 '무조건 쓰자'고 결심했는데 의구심이 남았대요.

누구나 이미 다 아는 명사, 형용사, 부사, 주어, 보어, 목적어, 단어, 구, 절의 개념을 쓴다고 해결이 될까? 질문이라도 하려고 들면 문법은 딴 생각 말고 무조건 맡겨 달라고 장담하는 저를 믿을 수도 믿지 않을 수도 없는 난처한 상황이었대요.

하지만 딱히 뭐 더 좋은 방법도 없고, 매일 뭐가 즐거운지 하루 종일 웃고 다니는 저를 일단 믿기로 했대요.

한 달이 지난 뒤, 죽어라고 쓰긴 했지만 딱히 배운 것도 없는데(이 부분에서 A님은 죄송하다고 했어요. 하지만 맞는 말이에요. 저도 딱히 제가 뭔가를 가르친다고 생각하지 않거든요) 항상 찝찝하던 서류 해석이 말끔해진 게 정말 놀라웠대요.

서류가 어이없이 해결이 된 뒤, A님은 무심코 전에 보던 문법 책을 폈대요. 그랬더니 미로 같았던 문법 책들이 순식간에 별거 아닌 것들로 바뀌어 있었대요.

한 달 동안에 도대체 무슨 일이 일어났던 건지 더듬어 봤는데 자기가 한 일이라곤 오직 반복밖에 없었다는 거죠. 그것도 이미 다 알고 있는 것을 반복한 것밖에 없었대요. 그나마 새롭다고 생각했던 You speak English 시제 공식도 이미 알고 있던 내용이었어요.

결국 혼자서 충분히 할 수 있었는데도 삼십여 년 동안 헤매고 있었다는 결론을 내렸대요.

남들이야 의지가 부족하다 어떻다 하지만 본인은 머리는 좀 부족해도 끈기와 노력 하나는 자신 있었기 때문에 마음을 비우고 그 책들을 무식하게 단순 반복만 했어도 아주 오래전에 이 순간을 만났을 텐데, 하는 생각이 들자 미치겠더래요.

눈으로 공부하던 삼십여 년이, 이해하려고 안간힘을 쓰던 삼십여 년이 그렇게 허망했대요.

젊은 날 영어 때문에 날려 보내야 했던 수많은 기회가 떠올라 사무쳤대요. 버려야 했던 꿈들은 손에 꼽을 수도 없었대요. 영어에 한이 맺혀서 반백의 나이에 이르기까지 이토록 오랜 세월 영어를 붙잡고 있었는데 마음속으로 간절하게 그리던 일이 막상 이렇게 쉽게 이루어지고 나니 도리어 자신의 어리석음이 한이 되더래요.

'한 달을 쓰기만 했더니 해결되었다. 나도 예전에 썼어야 했다. 미로 같았던 문법도 알고 보니 별게 아니었다. 눈으로만 보지 말았어야 했다. 쓰면 해결되는데……. 지금은 선생님께 노하우를 배웠으니 한 달만 써도 됐지만 노하우가 없었어도 일 년만 쓰면 진작 해결될 일이었다. 그 일 년을 못 해서 몇 십 년을 돌고 돌았구나.'

이것이 A님의 괴로움의 실체였어요. 제가 어떻게 해결할 방법이 없었어요. 시간을 되돌릴 수는 없으니까요. 이십 대에 저를 만나셨다 해도 그때는 혈기 왕성하던 시절이라 줄곧 쓰는 일을 못 견뎠을 거라고 위로하긴 했어요. 하지만 속으로는 A님은 하고도 남을 분이라는 생각이 들어서 안타까웠어요.

무작정 1년을 투자하기란 쉽지 않았을 거라고도 말씀드렸어요. 하지만 A님은 확신이 있다면 능히 그럴 수 있는 사람이었어요.

제가 미안해하자 A님은 깜짝 놀라서 저를 위로하기 시작했어요. 아쉽고 또 아쉽기는 하지만 이제라도 방법을 찾았으니 정말 행운이라고 생각한다고 했어요. 죽을 때까지 영어를 못하는 짐을 안고 갈 거라고 생각했는데 그렇지 않겠다고 생각하니 날아갈 것 같다고도 했어요.

다만 지금은 두고 온 꿈들, 두고 온 기회들, 달라졌을지도 모르는 인생이 너무나도 안타깝다고 했어요. 며칠만 괴로워하겠다고.

이번엔 제가 괴로워졌어요. 꾸준히 독에 물을 채우다 보면 독이 넘치느냐 안 넘치느냐는 단 1그램 정도의 차이에 달렸어요. 영어 공부의 독이 넘쳐야 편안해지는 순간이 와요.

언어에 있어서 공짜는 없다, 정직한 시간과 정직한 노력만이 결과를 가져온다, 이것이 언어 공부를 하는 기본 자세여야 한다고 굳게 믿으면서도 A님과 함께 공부한 한 달 동안 저는 잠시 흥분의 도가니였어요. 약간의 예외가 존재할지도 모른다고 생각했어요.

A님이 너무 잘 따라하니까요. A님은 하나를 알려 주면 곧바로 받아들이고 스스로 셋, 넷까지 더 받아들이고 열, 스물까지 넘나드는 거예요.

일정 시간을 들이지 않았으면 문법이 절대 갑자기 그렇게 좋아질 수가 없는데 A님 때문에 제가 잠시 헷갈렸어요. 문법을 전혀 하지 않았다는 A님의 말을 너무 곧이곧대로 믿었어요.

저는 제 학습법으로 한 달이면 문법이 생생해질 수 있다! 라는 착각에 빠졌던 거예요.

A님의 손때가 묻은 문법 책들을 보는 순간 저는 다시 한 번 깨달았어요. 새로운 언어 공부의 세상은 결코 없다는 것을요. A님은 문법 책도 마르고 닳도록 봤어요. 완벽함을 추구하는 성격이다 보니 너무 자잘한 것까지 신경을 썼던 거예요. 조금만 몰라도 괴로워하다 보니까 전체적인 걸 못 보고 있었던 거죠.

저는 이미 많이 채워진 그분의 독을 흔들었을 뿐이에요. 한 달로 문법이 완성될 수는 없었어요. 단어와는 달리 문법에서 벼락공부가 통하기는 해요. 아무리 집중을 한다고 해도 양이 많은 단어를 단기간에 외우기는 힘들지만 문법은 초집중을 하다 보면 순간적으로 전체가 보이기도 하거든요. 그러나 일정한 반복으로 공부의 양을 채워 주어야 그 문법이 남아 있어요. 궁극적으로 문법이 내 것이 되기 위해서는 일정한 시간이 필요해요.

너무 창피했어요. 들떠서 떠벌리고 다니지 않은 게 다행이에요. 대학교 시절의 과외부터 따지면 벌써 수십 년 동안 가르치는 일을 하고 있는데 왜 착각했을까요? 하면 하는 대로 정직한 결과가 나오는 언어 공부라서 좋아하는 건데 언어 공부에 요행이 있다고 믿었다니요!

그렇게 저에게 깨달음을 준 A님은 그 뒤로도 무척 열심히 공부했어요. 1년 안에 책을 40여 권이나 읽었고 걸어 다니는 사전이라고 불릴 만큼 사전을 들이팠어요. 온갖 시사 잡지에 줄을 그으며 단어와 상식 늘리기에도 매진했어요.

이해하면서 하니까 공부가 정말 재미있다고 하면서요. 전에는 이유도 모르고 무작정 외우느라 땀이 뻘뻘 나곤 했는데 문법을 완성하고 나니 외우는 게 훨씬 빨라지고 무엇보다 마음이 편하다고 했어요. 그리고 말씀하셨어요.

"아직 갈 길이 남아 있긴 하지만 영어가 편안합니다."

# 숙어와 문법

## 책을 읽기 4주 전부터 준비해 주세요

### 문법

>> 소통의 측면으로만 본다면 문법은 언어에 있어서 아주 중요한 요소이지만 필수불가결한 것은 아니에요. 문법 없이 단어만으로 뜻을 전달하는 것도 가능하니까요. 하지만 문법은 단순한 의사 전달 그 이상의 뭔가를 추구하는 사람들에게 꼭 필요해요. 문법이 따르지 않는 영어는 틀린 영어일 수밖에 없거든요.

>> 맨손으로는 못을 박기 힘들어요. 망치가 못을 박는 가장 빠른 방법이에요. 문법 자체로 영어의 양이 늘어나는 건 아니지만 문법을 잘 알면 영어의 양을 늘리는 일이 수월해져요. 문법을 알아서 문장을 이해하며 외우는 것과 문법을 몰라 이해하지 못하고 문장을 무조건 외우는 것에는 분명한 차이가 있어요.

>> 문법은 핵심만 모아 놓으면 정말 한 줄도 되지 않아요. 그 한 줄의 문법은 단어, 숙어, 독해, 독서로 보강해야만 내 손안에 들어오지요.

>> 『트레이닝북』을 보면 기초 문법을 공식으로 정리해 놓았어요. 문법 공부는 책 읽기 4주 정도 전부터 준비하면 좋아요. 그리고 책을 읽으면서 같이 병행해도 괜찮아요.

>> 『트레이닝북』에 있는 건 기초 문법이에요. 더 깊이 있게 공부하고 싶으면 문법 책을 한 권 정해서 공부해 주셔야 해요. 설명이 간결한 책으로 고르세요. 그리고 개념을 반복해서 쓰는 방법으로 공부해 주세요.

## 숙어

>> 책을 읽을 때 숙어 때문에 많이 덜컥거릴 거예요. 외우는 수밖에 없어요. 외우는 걸 아무리 좋아한다 해도 숙어는 그 양이 너무 많아서 부담이에요. 그러니 외우는 걸 질색하는 사람들에게는 정말 넘기 싫은 담이에요.
이것도 쓰는 걸로 해결해 볼까요? 외우려고 하지 말고 그냥 무작정 써 보세요. 책을 읽기 전에 『트레이닝북』에 있는 숙어 500개를 쓰기 시작하세요.

>> 숙어도 책을 읽기 4주 정도 전부터 준비하면 좋아요. 그렇다고 500개를 다 써야 하는 건 아니에요. 독서와 병행해도 좋아요. 단 『트레이닝북』 숙어를 끝냈다고 숙어를 완전히 익힌 건 아니에요.

숙어집 한 권을 정해서 공부하거나 외워야 할 숙어를 볼 때마다 모아 두는 걸 추천해요. 다만 책을 읽을 때 숙어를 모으지는 마세요. 책을 읽을 때는 속도가 중요하거든요.

>> 일단 숙어를 조금이라도 써 보고 책을 읽기 시작하면 좀 더 명쾌하게 읽을 수 있어요. 책을 읽는 도중에 미리 써 본 숙어가 나오게 되면 쉽게 내 것이 될 수 있지요.
숙어도 단어와 마찬가지로 절대 외울 필요는 없어요. 일단 써 보면서 익숙해지는 과정을 거친 뒤에 책이나 드라마를 통해 반복해서 만나야 비로소 내 것이 된답니다.

# 4

# 안 된다고 하기 전에는 안 되는 게 아니다

## 살아 있는 삶

대학생 때 주역에 심취한 적이 있었어요. 아니 엄밀하게 말하면 주역 비슷한 모든 것에 심취한 적이 있다고 해야 정확하겠어요. 서점에 나와 있는 주역에 관한 책들이라든지 토정비결, 손금, 관상 등 이런 책들만 무지하게 읽어 댔어요.

그즈음 과외를 하던 학생의 아빠가 사주를 볼 줄 안다고 해서 조르고 졸라서 그분에게 사주 보는 법을 배우기도 했어요. 손가락을 이용해서 어찌어찌 계산하여 그 사람의 일생을 분석하는 방법이었어요. 성격도 나오고 일생도 나오고 운도 나오고 직업 비슷한 것도 나오고 나름 흥미진진했어요.

머리에 피도 안 마른 나이에 사주팔자에 주역까지 뻗쳐 맹렬히 공부를 한 이유는 바로 엄마 때문이었어요. 언젠가부터 엄마는 항상 아팠어요. 아픈 엄마는 죽음의 그늘에 있다가 삶의 햇살 아래로 잠시 나왔다가를 반복하는 삶을 사셨어요.

저는 그게 두렵기도 하고 지긋지긋하기도 했어요. 그런데 가장 큰 고통은 내가 할 수 있는 일이 아무것도 없다는 사실이었어요. 이랬다 저랬다 하는 의사들은 신뢰하기가 힘들었어요. 백 번 기도를 해도 엄마는 늘 아팠어요. 기도도 쓸모가 없었어요. 그러다가 만난 것이 바로 그런 것들이었어요.

이게 아주 묘한 매력이 있더라고요. 성격이나 그 사람의 삶이 맞아떨어지기라도 하면 정말 신기했어요. 특히나 저를 흥분의 도가니로 밀어 넣었던 건 엄마의 사주가 일찍 돌아가실 팔자가 아니었고, 아빠의 사주도 부인을 일찍 보낼 사주가 아니었으며, 형제들에게도 조실모할 사주가 없었다는 것이었어요. 확인 차 학교 앞에 있는 전문역술인(?)한테도 갔었죠.

그 뒤로도 엄마는 계속 아팠다가 괜찮았다가를 반복했는데 일단 사주를 통해 최소한 돌아가시지는 않겠다는 확신(?)이 있으니 얼마간 고통과 두려움이 줄어들더라고요. 그렇지만 마음 깊은 곳에서는 제가 믿고 있는 그것이 얼마나 근거 없고 허망한 것인지 알고 있었어요. 그러나 믿어야 했어요. 엄마가 어떻게 될지도 모른다는 두려움에서 조금이라도 벗어날 수 있는 유일한 길이었으니까요.

그러다가 제가 대학을 졸업하고 프랑스에 갔는데 바로 얼마 뒤 엄마가 돌아가셨어요. 그때 엄마 나이가 오십이었는데 이제 제 나이가 오십을 바라보고 있네요. 세상에, 엄마는 그렇게 젊은 나이에 돌아가신 거였어요. 그런데 그때는 엄마 나이가 젊은 건지 어떤 건지 알지도 못했어요. 그저 엄마 없는 내 삶이 도대체 어떻게 흘러갈 것인가 하는 두려움뿐이었어요.

장례를 마치고 프랑스에 돌아와서 제가 겪은 방황은 이루 말로 다 못 해요. 슬퍼서 창자가 끊어지겠다는 말이 뭔지 알겠더라고요.

아침에도 슬프고 점심에도 슬프고 저녁에도 슬프고 밤에도 슬프고 자면서도 슬펐어요. 그렇게 슬픈 다음 날이면 아침에도 화가 나고 점심에도 화가 나고 저녁에도 화가 나고 밤에도 화가 나고 자면서도 화가 났어요. 슬퍼하다가 화를 내다가 하다 보면 아침에도 피곤하고 점심에도 피곤하고 저녁에도 피곤하고 밤에도 피곤하고 자면서도 피곤했어요.

빌어먹을 사주팔자는 다 틀렸어요. 의사들은 젊은 여자 하나 어쩌지 못해서 그 젊은 여자는 오랜 시간 동안 아프다가 죽었고요. 저는 아픈 엄마 옆에서 우왕좌왕하다가 결국 아무것도 하지 못하고 엄마를 보냈어요. 정말 죽겠더라고요.

원망하고 원망하다 어떨 땐 길에 차이는 돌부리도 원망스러웠어요. 정말 원망스러운 건 제 젊음이었던 것 같아요. 엄마 없이 살아내야 할 남은 삶이 너무 길었어요. 그 삶을 살아 낼 자신이, 정말 자신이 없었어요. 기운이 나질 않았어요.

그렇게 남은 삶을 어찌 살 것인가 고민하다가 어느 날 알았어요. 나는 어차피 지금도 사는 게 아니다. 나는 지금 죽어 있는 것과 진배없다. 아니 사주팔자 같은 것들에 연연해하며 엄마의 죽음을 두려워하며 살던 그 순간들에 이미 나는 죽었다.

그동안 나는 사실은 삶을 산 것이 아니라 죽음의 그늘에서 머물렀다는 걸 알게 되었어요. 어느 순간부터 내게 주어진 삶의 분량을 소화한 것이 아니라 삶의 끝에 딱 한 번 있는 죽음의 순간을 앞당겨서 하루에도 몇 번씩 죽어 가며 살았다는 걸 알았어요.

죽음을 두려워한다는 건 죽어 가고 있는 것과 같다는 과격한 결론을 내렸어요. 숨을 쉬고 있다고 해서, 또는 움직일 수 있다고 해서 다 살아 있는 건 아니었어요. 근거도 없는 사주팔자 따위에 위로를 받으려 했던 제 어리석음이 너무 부끄러웠어요. 아니 그런 것들에 의지할 수밖에 없었던 제 나약함에 진저리가 났어요. 정말 건강하지 못한 삶이었어요.

사는 것처럼 살아 보고 싶었어요. 더 이상 죽어 가며 시간을 허비하고 싶지 않았어요. 삶에서 죽음의 그늘을 걷어 내고 살아 보고 싶었어요. 온전한 삶을 살다가 그 끝에서 딱 한 번만 죽는 삶을 살고 싶었어요.

'사람은 누구나 다 한 번씩 죽지만, 누구나 다 살아 있는 삶을 사는 것은 아니다'라던 누군가의 말이 절절하게 느껴졌어요.

살 수 있는 날이 많이 남은 젊음에 감사하기 시작했고, 의사 선생님들께도 마음 깊이 감사하는 자세를 갖기로 했어요. 제 삶의 모토는 '딱 한 번만 죽자'가 됐어요.

사주팔자니 뭐니 하는 것들에서 자유로워진 삶에는 오직 노력만이 빛나더라고요. 지식을 갈구하는 마음이 크지만 아무리 발버둥쳐도 알 수가 없는 것들은 그냥 알 수 없는 채로 남겨 두고, 내가 알 수 있는 것들에만 매진하니 마음이 이렇게 홀가분할 수가 없어요.

어떻게 사는 게 진정 살아 있는 것처럼 사는 걸까요? 죽음의 그늘에서 온전히 벗어난 삶은 어떤 걸까요? 죽음은 단 한 번만 맞이하고 그 나머지는 살아 있는 삶을 산다는 건 정말 가능할까요? 아직도 정확한 답을 찾은 것 같지는 않아요.

그런데 이건 알겠어요. 살아 있다는 건 축복이고 그 축복에 감사하는 방법은 때로 좌충우돌하며 실수하고 후회하더라도 최선을 다해 사는 것이라는 것을요.

꼭 뭐가 되지 않더라도, 대단한 뭔가를 해내지 않더라도 살아 있는 이 순간을 마음껏 느끼며 최선을 다하는 삶은 축복이에요.

저에겐 해도 해도 질리지 않는 언어 공부거리를 가지고 있는 것도 축복이에요. 절대 끝나지 않을 것들이라는 사실이 가끔씩 어이없지만 한편으론 안심이에요. 언어에 대한 사랑과 열정이 내 삶을 더욱 살아 있게 만들어 주겠구나 싶어요. 내 삶은 아마도 끝까지 쌩쌩하겠구나, 큰소리칠 수 있어요.

## 무모하게, 소심하게

"무슨 여자애가 그렇게 겁이 없는지 아주 간덩이가 부었어. 네가 아들로 태어났으면 오죽 좋았겠냐."

겁도 없이 뭔가를 덜컥덜컥 시작하고, 도대체 거칠 것이라고는 없는 저를 보고 엄마는 가끔씩 혼잣말을 하곤 했어요.

엄마는 '여자도 다 할 수 있다'를 외치시며 여자도 꼭 공부해야 하고, 나중에 꼭 일하면서 살아야 한다고 저에게 항상 세게! 주입시키셨는데 그 가르침을 제가 정말 잘 받아들인 거죠.

제가 생각해도 저는 가끔 정말 대책 없이 무모해요. 작정해서 하는 것이 아니라 생각난 것들을 바로 그대로 진행해서 주위 사람들이 지레 기겁하는 경우가 많고요. 한참 하다가 스스로 깨달은 적도 많아요. '음, 내가 무리하게 왔구나' 하고요.

한 30번쯤 쓰면 외울 수 있겠구나 싶으면 저는 그냥 써요. 30번을 과연 쓸 수 있을까? 30번을 쓰다가 손가락이 부러지는 것이 아닐까? 30번을 다 쓰고도 못 외우면 어쩌나? 30번 쓰기보다 더 효율적인 방법이 있는 건 아닐까? 같은 의심은 잘 안 해요. 일단 쓰고 봐요.

앞으로 일어날 온갖 가능성을 상상하면서 고민하거나 염려할 시간에 '하자, 혹은 일단 해 보다가 아니면 다른 길을 가면 되지' 하면서 잽싸게 행동에 옮기고 봐요. 선천적으로 깊게(?) 생각할 수 없는 건가 싶어요.

그러다 보니 실수도 많고 후회도 많아요. 그러나 애써 고치려고 하지는 않아요. 그게 바로 저니까요. 대체적으로 이런 거침없는 저의 행보에 만족하며 살아요.

반면에 지나칠 만큼 소심하기도 해요. 일단 뭐든 저지르고 보는 스타일이지만, 뜻하지 않은 실수를 해서 상대방의 마음을 상하게 할까 봐 항상 마음을 졸여요.

제가 내세우는 영어 공부 방법에도 저의 무모함과 소심함이 정말 골고루 섞여 있어요. 사전을 단어장으로 만들고 단어, 숙어, 문법까지 몇 십 번씩 써야 한다는 무모함이에요. 그러면서 기초는 작은 것 하나도 소홀히 여기지 않는 소심함도 갖췄어요.

'영어 공부를 꼭 성공하고 싶은데 무엇을 해야 할까'를 고민하는 분들에게 '무엇'에 해당하는 것을 드리려고 두 눈을 크게 뜨고 찾은 것들이에요.

사실 사전의 단어를 다 쓴다고 해도, 다 외운다고 해도 영어의 끝을 만날 수는 없어요. 언어는 원래 채워도 채워도 차지 않는 마법의 독 같아서 끝이 잘 안 보여요.

사전을 해결한다고 해도 단어만 해결될 뿐이에요. 문법과 숙어를 웬만큼 하고 책 읽기까지 마쳐야 해요. 그래야 듣기와 말하기 단계에까지 나갈 수 있어요.

그러니까 이 책의 영어 공부 방법은 이것만 끝내면 영어가 완벽해진다거나 원어민처럼 말할 수 있다거나 하는 신기루 같은 것이 아니에요. 다만 기초를 확실히 쌓게 해서 어떤 상황이 닥쳐와도 영어에 좌절하지 않게, 영어를 포기하지 않게 해 주는 방법이에요. 따라 쓰는 양이 좀 많긴 하지만 복잡하지도 번거롭지도 않아서 누구나 쉽게 감당할 수 있어요. 이렇게 자신 있게 말하기 위해서 연구를 정말 많이 했어요.

따라하기만 하면 단어도, 문법도, 듣기도, 말하기도 어느 것도 놓치지 않을 거라고 자신해요.

'태산이 높다 하되 하늘 아래 뫼이로다.'

'영어를 잘하기 위해서는 양만 채우면 그만이다.'

위 금언을 거듭 기억하고 동참해 주세요. 30번을 쓰면 되겠구나 싶으면 일단 30번을 쓰는 거예요. 30번을 과연 쓸 수 있을까? 고민하지 말고 '일단 30번은 써야 하는구나' 하고 어떻게든 다 쓰고야 마는 무모함을 가져 주세요.

그리고 이거 다 아는 거지만 한 번 안 쓰고 지나가면, 큰일(?) 난다는 소심한 마음도 가져 주세요.

지금 내가 쓰는 한 번이 영어의 완성에 꼭 필요한 것이거든요.

## 폭풍 공부도 가끔씩 해 주세요

제가 강조하는 영어 공부의 원칙은 '형편에 따라 최선을 다해 하루도 빠짐없이 한다!'예요. 어느 정도 공부에 집중할 수 있는 여유가 있어서 『트레이닝북』을 잘 따라할 수 있다면 사전 칠하기와 단어장 만들기, 문법 개념 정리하기, 숙어 쓰기, 독서 단어 준비하기까지 6개월 정도면 끝낼 수 있어요.

그때부터 책을 읽으면 돼요.

하지만 각자의 상황과 공부 방식과 수준이 달라서 계획을 구체적으로 딱 확정하기는 어려워요. 순서대로 공부하는 사람이 있는가 하면 순서를 섞어서 공부하는 사람도 있거든요.

6개월이라는 기간 자체도 중요한 건 아니에요. 다들 수준이 다르니까요. 더 빨리 끝낼 수도 있어요. 6개월은 그저 추천 기간이라고 생각해 주세요. 사실은 마지노선이에요. 이 이상 늘어지면 영어의 기초는 완성되기 어려워요.

전체 기간보다 중요한 건 하루도 빠짐없이 하는 거예요. 하루도 빠짐없이 하다 보면 탄력을 받는 순간이 오고 탄력을 받는 순간이 오면 진도도 실력도 일취월장하게 돼요.

'진도에 너무 연연해하지 말고 하루도 빠짐없이 한다!'를 목표로 하루에 단 한 페이지라도 쓰거나 읽어 주세요.

그리고 기회가 허락하면 반드시 폭풍 영어 공부의 시간도 만들어 보세요. 그야말로 일상의 모든 것을 작정하고 내려놓고, 삶의 희노애락도 잊고, 세상에 오직 영어와 나만 있다고 생각하고 계획을 좀 무리하다 싶게 잡아 공부를 해 보는 거예요. 그렇다고 몸이 상하도록 너무 무리하지는 말고요.

직장인의 경우에는 하루나 이틀 휴가를 잡을 수도 있고, 주부의 경우에는 가족들에게 양해를 구하고 며칠의 자유 시간을 가져 보는 거예요.

제가 여기까지 올 수 있었던 원동력은 가끔씩 폭풍 공부를 한 덕분이라고 믿거든요.

폭풍 공부에는 크게 세 가지의 장점이 있어요.

**첫째,** 정신없게 해서 무념무상의 경지에서 공부만 할 수 있게 만들어 줘요.

**둘째,** 폭풍 공부를 하면서 시간을 다시 재분배할 수 있어요. 그동안 얼마나 시간을 자잘하게 허비했는지 느끼게 해 주죠.

**셋째,** 폭풍 공부를 하다 보면 가끔씩 큰 줄기를 발견하는 기쁨을 얻곤 해요. 조금씩 조금씩 할 때는 잘 안 보이던 것들이 확 몰아서 하다 보면 큰 줄기가 쉽게 보여요.

단점은 앞으로 해야 할 공부의 양을 미리 가늠할 수 있어서 그 양에 지레 놀라서 쉽게 포기할 수 있다는 거예요. '이건 내가 감당할 수 있는 부분이 아니다' 하고서요.

폭풍 공부는 장점이 훨씬 많긴 하지만 이 단 한 가지 부작용이 너무 치명적이에요. 아예 공부 자체를 접게 만들거든요.

영어 공부를 더 발전시켜 나갈수록 단어의 중요성, 숙어의 중요성에 뼈가 아릴 거예요. '내가 왜 사전을 더 열심히 하지 않았을까? 그때 내가 왜 숙어를 좀 더 진지하게 파고들지 않았을까?' 이런 생각이 들 수밖에 없어요.

책 읽는 순간을 빨리 만들어야 해요. 시간 금방 간답니다. 좀 힘들어도 금방 끝나는 일이니 책 읽기 전에 단어와 숙어 공부에 매진하는 시간을 가지는 것이 필요해요.

폭풍 공부를 하다 보면 책 읽는 순간은 금방 와요. 일상을 떠나 세상에 오직 영어와 나만 있다고 생각하고 해 보는 폭풍 공부는 살아가면서 만나는 몇 안 되는 짜릿한 순간이 될 수도 있어요.

# 『Dating Game』 단어 쓰기

## 책을 읽기 전에 끝내 주세요

### 다니엘 스틸 소설을 읽는 방법

1 제일 먼저 읽을 다니엘 스틸의 소설은 『Dating Game』이에요. 그런데 그냥 무작정 읽으면서 사전을 찾으면 쉽게 지치게 되죠. 그래서 우리는 『Dating Game』의 단어들을 미리 공부해 놓고 읽을 거예요.

2 『트레이닝북』에 있는 『Dating Game』 단어들을 사전에서 찾아 색칠을 하세요. 물론 사전 칠하기 1단계, 2단계와는 다른 색깔의 색연필을 사용해야겠죠.

3 색칠을 다 한 뒤 단어를 노트에 처음부터 끝까지 1번 쭉 써 주세요.

4 처음으로 가서 영어 단어를 한 번 더 쓰고 사전에서 한국어 뜻을 찾아 같이 쭉 써 주세요. 그다음 옆에 영어 단어만 2번씩 더 써 주세요.

5 단어 준비가 끝나면 『Dating Game』을 빨리 읽어 주세요. 첫 번째 책을 읽은 기운으로 얼른 다음 책들을 진행하면서 단어를 굳히고, 문법, 숙어 등을 보완해 나가면 돼요. 『Dating Game』은 반드시 3일 안에 읽어 주세요.

6 『Dating Game』이 끝나면 순서를 지켜 『Leap of Faith』를 읽어 주세요. 이 책은 얇으니까 이틀을 넘기지는 마세요.

>> 처음에는 내용의 50~60% 정도만 이해하면 된다고 생각하면서 읽으세요. 100% 다 이해할 수 있는 실력을 먼저 키우려고 하면 책 읽기까지 한 오백 년은 걸릴지 몰라요. 우리는 일단 호랑이 굴에 쳐들어가는 거예요. 딱히 특별한 공부를 하지 않고 책만 읽어도 점점 이해도가 좋아져요. 처음엔 50~60%로 시작했어도 계속 단어, 문법, 숙어 등을 병행하면 나중에는 이해도가 100%로 높아질 거예요.

>> 처음 읽을 때는 등장하는 이름들을 써 가며 읽는 것도 좋은 방법이에요. 아니면 형광펜으로 이름에 줄을 긋는 것도 추천해요. 아무래도 미국인의 이름은 익숙지 않아서 조금 읽다 보면 누가 누군지 헷갈릴 수가 있거든요.

>> 읽다가 이해 안 되는 부분이 나타나면 절대 오래 머무르지 말고 그냥 지나치세요. 모르는 곳마다 멈추다 보면 내년 추석 때까지도 책을 다 읽지 못할 거예요. 아는 것만 빨리 읽는다는 마음으로 읽으세요.

>> 사실 『Dating Game』의 단어만 공부하면 나머지 다니엘 스틸 책들은 별도로 단어를 공부하지 않아도 읽을 수 있어요. 다니엘 스틸은 쓰던 단어를 계속 쓰는 경향이 짙은 작가예요. 또 다니엘 스틸은 쉽고 평범한 단어들로 책을 이끌어요.
다만 한 권을 읽기 시작하면 절대로 틈을 길게 두지 않고 후다닥 읽

어 주세요. 다니엘 스틸의 책을 모두 읽는 것을 추천하는데 한 권당 2~3일 기한으로 읽어야 해요. 결코 오래 붙들고 있진 마세요.

### 다니엘 스틸 소설 읽는 순서

1. 「**Dating Game**」
2. 「**Leap of Faith**」
3. 「**Malice**」
4. 「**The Promise**」
5. 「**Silent Honor**」
6. 「**The Gift**」
7. 「**Echoes**」
8. 「**Five Days in Paris**」
9. 「**The Ranch**」
10. 「**The Ring**」
11. 「**Zoya**」

>> 이상 11권만 순서를 지켜 읽어 주세요. 72p 목록에 있는 나머지 10권은 자유롭게 읽으면 돼요. 권당 2~3일이니 전체 책 다 읽기는 7주 정도로 계획해 주세요.

# 문법이 필요 없다는 말

어느 순간 제가 기억하는 엄마와 동생들이 기억하는 엄마가 다르다는 걸 알았어요. 형제가 다섯 명이다 보니 첫째인 저와 막내는 무려 9살이나 차이가 나요. 바로 아래 동생과는 엄마의 모습을 여러 가지로 비슷하게 기억하지만 셋째부터는 제가 기억하는 엄마의 모습이 아니더라고요. 인정 넘치긴 하지만 때로 똑 부러지고, 기회다 싶으면 물불 가리지 않고 밀어붙이고, 언중유골의 시니컬한 유머도 가끔 즐기는 엄마가 아니더라고요.

엄마가 돌아가신 후에 동생들과의 대화 도중 엄마한테 너무 혹독했던 어린 시절에 대해 따질 기회를 놓쳤다고 우스갯소리를 했더니 잘 이해하지 못하더라고요. 오히려 동생들은 제가 엄마한테 떽떽거린 걸로 기억하더라고요.

생각해 보니 그런 것도 같았어요. 제가 떽떽거리긴 했어요. 그런데 그건 제 천성이 못돼서라기보다는 생존을 위한 투쟁(?)이었어요. 엄마가 너무 제 인생에 깊이 관여하려 했고, 그러면서 세게 몰아쳐서 부담스러웠거든요. 어느 순간 제가 가려는 인생과 엄마가 원하는 제 인생의 괴리가 너무 크다는 걸 알았어요.

처음에는 그걸 대놓고 말하기가 겁도 나고, 미안하기도 하고 무엇보다 어찌해야 할지 상황 판단이 제대로 서지 않아 우왕좌왕하면서 일종의 시위도 했어요.

이제는 나도 다 알지만 그때는 엄마가 너무 내 인생에 훈수를 두려 한다는 느낌 때문에 질렸어요. 지금 딸을 키우면서 정말 무지하게 반성하고 있어요. 참, 어느 것 하나 버릴 말들이 없었는데 저는 엄마의 관심과 사랑이 너무 버거워 삐딱한 적이 많았어요.

그래도 대체로 사랑하는 모녀 관계였어요. 아무리 어렸어도 엄마가 저를 위해 최선을 다하고 있으며, 뭐든 할 준비가 되어 있다는 걸 알아서 세상에 두려울 것이 없었어요. 엄마의 소중함은 본능적으로 알고 있었어요.

근데 사랑과 관심이 너무 과하다 싶을 때는 숨이 막혔고, 따박따박 따지길 좋아했어요. 그때로 돌아가서 혀를 묶어 버리고 싶을 만큼 후회하는 부분이지만 암튼 그때는 충분히 이유가 있었어요. 틀린 말이 아니었어요.

생각해 보면 엄마는 저의 앙칼진 말 반항을 즐겼던 것 같기도 해요. “아이고, 이 헛똑똑아!” 하는 소리를 들으며 엄마에게 가끔 한 대씩 쥐어박히기도 했지만요.

"그 잘난 말발을 낳아 주고 키워 주고 있는 네 고마운 엄마한테 써 먹지 말고 제발 좀 생산적인 일에 써라. 그리고 따박따박 따지는 것도 잘만 쓰면 꼭 나쁜 건 아니니 네 엄마한테 되도 않는 걸로 시비 걸고 따지면서 기운 빼지 말고 다른 데 가서 따져 봐."

이렇게 말씀하시면서도 제 따박따박에 신나게 맞장구를 쳐 주곤 했어요.

저는 어느 순간 꼬박꼬박 말대꾸하고 따지는 걸 그만두었어요. 그 나이에 벌써 부모님의 은혜에 감읍해서가 아니고요, 생산적인 곳에만 쓰려고 해서도 아니었어요. 따지는 일은 비난의 화살을 쏘는 일과 비슷해서 결국 내가 맞을 화살도 만만치 않겠다는 걸 사무치게 깨닫고 그만두었어요.

그 뒤 따지는 습관을 엄마의 말씀처럼 십분 활용해 보기로 했어요. 언어 공부를 하며 무조건 따지는 습관을 들이기로 한 거죠. 따지고 따져서 이해가 가야 직성이 풀리는 성격은 문법을 따질 때 쓰기로 했어요. 후환이 없고(?) 답도 금세 나오는 일이라 따지는 마음도 편했어요, 하하하.

지금까지 그렇게 저는 따박따박 따지는 본성을 좋은 곳(?)에만 쓰려고 애쓰면서 살고 있는 편이에요. 그런데 심장이 더워지면서 따지고 싶어 참기 어려운 순간들도 있어요.

문법의 무용론, 혹은 문법을 너무 과소평가하는 의견들을 들을 때 가끔 그래요.

제가 아무리 문법을 사랑하고 문법이 꼭 필요하다고 생각해도 문법 없이 성공했다는 사람들도 꽤 있고, 많은 시간을 어학에 보내면서 결국 문법은 중요치 않다, 라는 결론에 이른 사람들도 꽤 있기 때문에 뭐라고 할 수 없어요. '내가 가 보지 않은 길에 대해서 왈가왈부하는 건 옳지 않다'가 제 기본 방침이거든요.

다만 저는 문법 없이 언어를 할 수 없다고 생각해요. 솔직히 일본어같이 우리말과 아주 흡사한 언어는 문법 없이도 가능할 수 있어요. 그러나 영어는 문법을 버리면 너무 어려운 길이에요. 패턴 연습도 당연히 중요하다고 생각해요. 그러나 패턴 연습만큼 문법도 중요해요.

사실 문법을 버리라고 외치는 사람들 중에는 이미 문법을 잘하는 사람들도 많아요. 대부분 '내가 문법을 해 보니 그다지 쓸모가 없더라' 하고 주장하는데요. 이건 '내가 돈이 좀 있어 봐서 아는데 행복은 돈에서 오는 것이 아니더라, 그러니 돈을 잊어라'라는 말과 같은 맥락이라고 생각해요. 돈은 물론 행복을 장담해 주지 않지만 기본적인 돈은 반드시 필요하잖아요. 산속에 들어가서 나물 캐면서 혼자 살 거 아니면요.

"아이들이 문법을 알아서 말을 배우나요?" 하고 반박당할 수도 있어요. 하지만 미국인들도 초등학교부터 대학교까지 Language Art라는 수업 시간이 있어서 문법을 열심히 배워요. 설령 그 수업을 제치고 생각한다 하더라도 그들은 오랜 시간 영어에 노출이 될 수밖에 없는 삶을 살기 때문에 문법을 따로 배우지 않아도 자연스럽게 문법을 익힐 수 있어요. 그러니까 저도 모르게 문법을 습득하는 거지요.

그러나 우리는 상황이 달라요. 미국인만큼 많은 시간 동안 영어에 노출되기가 힘들어요. 설령 그렇게 노출이 된다 해도 이미 성인이 되어 시작했다면 새로운 언어 구조를 받아들이는 일이 쉽지 않아요. 듣고 말하는 건 어찌어찌 가능하긴 하겠지만 문법 없이 영어를 하는 건 설계도 없이 집 짓는 일과 같아서 삐걱거려요.

문법이 필요 없다고 하는 사람들이 많은 것처럼 어려운 단어는 필요치 않다고 하는 사람들도 많아요. "막상 미국에 가 보면 토플 토익 공부하느라 머리 터지게 외웠던 단어 다 필요 없다더라"라고 말하는 사람들을 많이 봤어요.

『트레이닝북』에 있는 단어들 중에 어렵거나 불필요해 보이는 단어도 있어서 빼놓지 말고 다 공부해 달라고 당부하는 마음이 무거워요.

문법도 쓸데없고, 어려운 단어도 필요 없다는 말을 저도 한때는 정말 좋아했어요. 그 말이 딱 맞는 말이라서 좋았던 게 아니고요. 내 무거운 짐을 줄여 주는 말이라서 좋았어요. 꼭 가고 싶은 길이 천 리가 아니라 백 리라고, 짧다고 말해 주니 그 말이 맞기를 바랐어요. 그 말이 꼭 맞을 거라고 믿었어요.

그런데 그 말 때문에 오히려 더 고단했어요. 아직 영어 공부는 진행 중이지만 그래도 이 정도면 됐다 싶은 순간을 만나기까지 너무 많은 방황을 했어요. 그냥 우직하게 해 버릴 걸 지름길 찾다가 아까운 시간만 날리며 낭패를 봤어요. 괴롭기는 또 어찌나 괴로웠던지.

어렸을 때 엄마에게 따박따박 따지곤 하던 시절, 곧바로 후회하곤 했어요. 그때는 딱히 내 말이 틀린 걸 깨달아서 후회를 했다기보다는 그냥 본능적으로 이건 옳지 않다 싶었어요.

엄마가 권하는 길은 너무 복잡하고, 바보 같고, 때로는 어리석게만 느껴지기도 했어요. 분명 더 편하고 쉬운 길이 있을 텐데 항상 길고 험한 길만 강요하는 엄마가 제 마음에 불을 지피곤 했어요. 다른 엄마들은 여자는 시집만 잘 가면 되니까 편안하게 살림하면서 행복하게 살라고도 하던데 왜 엄마는 여자도 반드시 일을 해야 하고, 멍청해지지 않으려면 제대로 공부하라고 강요하고, 책임감을 버린 사람은 짐승과도 같다는 둥 협박(?)을 하는 것인가?

엄마는 항상 제가 뭔가가 되기를 간절히 바랐어요. 그만큼 뒷바라지도 열심히 해 주셨고요. 그때는 지긋지긋해서 따지기도 열심히 따졌고 피하고도 싶었지만 사실은 항상 엄마의 기대에 맞게 살고 싶었던 것 같기도 해요. 엄마가 떠다 미는 길이 더 멋져 보이는 건 사실이었어요.

그래서 어느 순간부터는 따지는 것을 그만두고 저도 그 길을 가기 위해 애썼던 것 같아요. 나이가 들고 그 모든 잔소리가 다 사랑에서 나왔다는 걸 깨달았을 때는 정말 쥐구멍이 간절했어요.

엄마라고 제게 노상 그런 말들을 하는 게 즐거우셨을까요. 아니 즐거우셨을지도 몰라요. 희망이 있었으니까요. 사랑하는 딸이 더 나은, 혹은 자신이 가고 싶었을 그 길을 가는 모습을 상상하는 일이었을 테니까요. 그리고 첫째를 잘 잡으면 나머지는 자연히 따라가

리라는 계산도 있었겠죠?

제가 이렇게 지나간 엄마 얘기를 하는 이유는 저도 여러분들께 쉽고 간단한 길을 권할 수가 없기 때문이에요. '문법을 버리세요. 어려운 단어는 필요 없어요'라고 말할 수가 없어요.

제가 그 옛날 엄마에게 따지면서 싫다고 했던 것처럼 여러분들도 제게 따지고 싶은 마음이 들지 모르겠다 싶어요. 왜 쉬운 길을 두고 어려운 길만 권하느냐 울컥할 수도 있겠다 싶어요. 쉽게 가자고 손을 내미는 곳으로 가 버리고 싶을지도 몰라요.

하지만 저에게 큰 인생을 주고 싶었던 엄마가 험한 길을 가라고 등을 떠밀었던 것처럼, 저도 험한 길을 가라고 등을 떠밀 거예요. 영어에서 꼭 해방시켜 드리고 싶으니까요. 그러니 좀 고되더라도 저의 공부법을 이해해 주셨으면 좋겠어요.

그리고 '문법을 버리세요. 어려운 단어는 필요 없어요'라고 하는 사람들도 틀린 말을 한다고 생각하진 않아요. 그 사람들이 아는 최선의 방법이라고 생각해요. 다만 저는 그 방법이 맞지 않았어요. 제가 가 보지 않은 길은 안내할 수가 없어요.

문법을 잘해도 영어가 늘지 않는 게 아니고요. 문법만 잘해서는 영어를 잘할 수가 없어요. 문법도 하고 생활영어도 하고 이렇게 병행하면서 시간이 좀 흘러야 편안한 영어가 찾아온답니다.

어려운 단어가 말하는 데 도움 안 되는 게 아니에요. 어려운 단어를 활용하는 법을 훈련하지 않았기 때문에 사용하지 못할 뿐이에요. 인생도 그렇지만 참 저절로 되는 법이 없는 게 언어 공부랍니다.

어려운 단어를 활용하려면 그전에 쉬운 단어로 말하는 것부터 가능해야 해요. 순서를 무시하고 어려운 단어부터 잡으면 곤란해요. 어려운 단어는 쉬운 단어들을 활용한 뒤에 필요한 거예요. 당장은 필요 없지만 미리 익숙해져야 나중에 자연스럽게 쓸 수 있어요.

미리 불려 놓은 녹두가 있어야 갈아서 빈대떡을 만들 수 있는 것처럼 영어가 착착 단계를 밟으려면 나중에 필요하다 싶은 건 미리미리 준비를 하고 있어야 한답니다.

멀리 보면서 계획하지 않는 사람은 결코 목적지에 이를 수 없어요. 당장 필요하지 않다 싶어도 앞날을 대비하는 지혜가 필요해요.

## 곱셈과 영어

A와 B 두 사람이 있어요. 그 두 사람에게 똑같이 곱셈 시험지를 주었어요. 두 사람 다 제대로 된 점수를 얻지 못했어요. 둘 다 곱셈을 할 줄 몰랐거든요.

며칠이 지났어요. A는 곱셈을 척척 하는데 B는 아직도 그 자리예요. 왜 그럴까요?

A의 경우.

❶ 구구단은 알고 있었으나 곱셈 문제를 풀어 본 적이 없었다. 그래서 며칠 동안 곱셈 문제 푸는 법을 연습했다. 구구단을 알고 있으니 곱셈은 쉽게 해결되었다.

❷ 곱셈을 풀기 위해서는 구구단이 필요하다는 것을 재빨리 알았다. 그래서 죽자고 구구단을 외우고 곱셈 문제를 많이 풀어 보았다. 며

칠 후 곱셈이 가능해졌다.

B의 경우.

❶ 구구단을 몰라서 감으로 문제를 풀었다. 가끔씩 비슷한 답은 나오는데 정확한 답은 나오지 않는다. 어떻게든 구구단 없이 풀려고 해서 며칠 후에도 곱셈이 불가능했다.

❷ 구구단을 외우기는 했다. 그런데 곱셈 문제 풀어 보는 게 귀찮아서 안 했다. 며칠 후에도 곱셈이 불가능했다.

C, D와 E, F 네 사람이 미국에 처음 왔어요. 공항에 내렸는데 영어가 하나도 안 들렸어요. C와 D는 영어 때문에 죽을 상이었고 E와 F는 영어 때문에 부담스럽진 않았어요.

몇 년이 지났어요. C와 E는 영어에 편안했는데 D와 F는 영어 때문에 머리가 하얗게 셀 지경이 되었어요.

여기서 C는 죽다가 살아났고, D는 계속 죽겠고, E는 항상 편안해요. F는 편안하다가 괴로워졌네요? 이 네 사람에게 무슨 일이 일어난 걸까요?

C는 한국에서 영어 공부를 좀 한 사람이에요. 영어에 오랜 시간을 투자했어요. 그런데 미국에 오자 생각보다 영어가 너무 안 들리는 거예요. 당연히 죽을 맛이죠. 그래서 여러 가지 노력을 했어요. 기본 실력에 노력이 더해지니 나날이 발전했고 그렇게 몇 년을 지나니 영어가 아주 편안해졌어요. 죽다가 살아난 거죠.

D도 한국에서 영어 공부를 좀 했어요. 그런데 미국에 오니 들리지도 않고 말도 안 나와요. 한국에서 배운 영어가 다 소용없다고 느껴져서 영어와는 담을 쌓았어요. 그랬더니 아무리 미국에 살아도 영어가 늘지를 않아요. 계속 죽을 맛이에요.

E는 한국에서 영어 공부를 하지 않았어요. 영어가 안 들리는 건 당연했어요. 마음 편하게 미국에 도착했어요. 그때부터 기를 쓰고 공부를 했어요. 부족한 문법도 학교 가서 배우고, 틀려도 부끄러워하지 않으며, 미국인들 속에서 한마디라도 더 듣고 더 써 보려고 노력했어요. 몇 년이 지나니 완벽한 건 아니지만 웬만한 의사소통 정도는 하게 되었어요. 처음에 비하면 어디냐 생각하니 저절로 웃음이 나요.

F도 한국에서 영어 공부할 시간이 없었어요. 학교 다닐 때도 영어 공부를 하지 않았어요. 그러나 미국만 가면 영어가 되리라는 확신이 있었어요. 그래서 미국에 도착해서 얼마 동안 희망에 가득 차 웃음 바람이었지요. 그런데 몇 년을 살아도 영어가 늘지를 않아요. 원어민과 토킹 수업도 꽤 했지만 느는 건 간단한 말 몇 마디뿐이에요. 자유로운 대화는 아직도 언감생심 꿈도 꾸지 못할 일이에요. 처음에 미국 와서 나오던 웃음이 쏙 들어갔어요.

구구단을 알고 있으면 원칙적으로 곱셈은 가능해요. 하지만 곱셈 문제를 잘 풀기 위해서는 따로 훈련의 시간을 거쳐야 해요. 구구단 외웠다고 다음 날로 곱셈이 척 되지는 않아요.

숫자가 작고 간단하면 구구단 없이도 어찌어찌 곱셈이 될지도 몰라요. 그러나 정석이 아니라서 길게 갈 수 있는 방법이 아니에요. 임시변통일 수밖에 없어요. 결국 '곱셈을 잘하려면 구구단을 성실히 외우고 곱셈 문제를 풀어야 한다'가 답이에요. 다른 답은 없어요.

미국에서 영어를 가르치다 보니 기본적인 문법이나 단어도 익히지 않고 생활 속에서 직접 부딪쳐서 영어를 어떻게든 해결하려는 사람들을 만나곤 해요. 그런 길이 반드시 있다고 믿더라고요. 반면에 문법이나 단어를 열심히 공부했는데 어찌하여 영어가 늘 깜깜하냐고 낙담하는 사람들도 많아요.

경우는 따지고 보면 수만 가지이고, 사정도 다 다르겠지만 제가 보기에는 너무 간단한 상황이에요. 곱셈을 잘하려면 구구단과 곱셈 문제 푸는 연습이 모두 필요한 것처럼 영어에도 문법, 단어와 함께 생활 속에서의 실전이 필요하다는 거죠. 만일 영어가 불편하다면 뭔가가 반드시 부족한 거예요. 부족한 건 채우면 돼요.

위에서 말씀드린 행복한 C와 E는 구구단과 곱셈 문제 푸는 연습을 둘 다 해결한 경우고요. D와 F는 문제를 푸는 실전 훈련의 고단한 과정 없이 어떻게든 하려다가 자신이 놓은 덫에 빠진 경우예요.

수학이나 과학만큼 언어도 명쾌한 분야랍니다. 수학, 과학에서의 공식의 역할을 언어에서는 문법이 해요. 문법의 중요성은 충분히 알지만 공부할 생각만 해도 지겹다고요? 이것도 쓰기의 힘을 믿어 보세요.

## 문제집을 푸는 즐거움

다니엘 스틸의 책은 좀 읽고 계신가요? 『트레이닝북』과 병행하고 있다면 문법도 숙어도 웬만큼 썼을 텐데요. 아직 『트레이닝북』을 다 마치지 못했다고 해도 상관은 없지만 분발은 해 주세요. 한 주제만 계속 가지고 쓰면 지겨우니까 문법, 숙어, 단어 등의 쓰기 주제를 본인 취향(?)에 맞게 섞어서 하기도 하면서요.

『트레이닝북』의 끝이 보인다면 다음에 해야 할 것은 영어 문제집이에요. 학생 때로 돌아간 기분으로 한번 풀어 보세요.

대학교 때 별 생각 없이 시작한 과외가 저는 정말 재미있었어요. 어린 나이에 만져 보는 큰돈(?)의 위력도 상당하긴 했지만 뭔가 적성에 딱 맞는 일을 하고 있다는 그 느낌은 저를 뭔가에 홀린 사람처럼 만들었어요. 대학생이 전공 공부는 안 하고 매일 어떻게 하면 더 잘 가르쳐 볼까만 생각했다니까요.

그때 제가 주로 『성문기본영어』를 들고 가르쳤는데 가르치고, 가르치고 또 가르치다가 급기야 그 안에 있는 문장들을 다 외워 버렸어요. 책 한 권을 거의 통째로 알고 있다는 사실이 너무 신기했어요. 책을 다 외우고서 가르치니 제자들(?)이 어찌나 환호를 하던지.

그래서 내친 김에 제가 그때 이름은 생각나지 않는 어떤 문제집을 다 외워 버리기로 작정했어요. 어떤 방법으로 외울까 고민하다가 그 문제집을 열 권 가까이 사 버렸어요. 많이 풀어 보면 되겠지, 하고요. 열 권 가까이 사면서 사실 걱정했어요. 이 쉬운 문제집을 열 번씩이나 풀 수 있을까? 지겨울 텐데.

했던 거 또 하는 게 딱 질색인 성미에(지금은 제가 무한반복교의 교주지만 그때만 해도 두 번 하는 건 꿈에도 생각할 수 없었어요) 과연 이걸 다 할 수 있을까? 괜히 돈만 날리는 건 아닌가? 그랬었어요.

그런데 그 쉬운, 그리고 다 아는 문제집을 열 번쯤 풀면서 기가 막힌 사실을 발견했어요.

'아아, 쉬운 문제집을 반복해서 푸는 것이 이렇게 효율적인 거구나.'

분명히 새로 배운 건 없었어요. 다 아는 것들이었어요. 그런데 그 문제집들을 반복해서 풀고 제 영어가 완전히 달라졌다는 걸 느낄 수 있었어요. 어떻게 표현해야 할까요? 한결 편안해졌다는 표현이 좋겠어요.

자신감이 나날이 커졌어요. 가르치는 일도 훨씬 더 재미있어졌어요. 문제집을 반복하면서 외우고 가르치며 제 자신의 영어도 늘고 있다는 사실이 짜릿했어요. 그래서 가르치는 일이 더욱 즐거웠고요.

다 아는 걸 반복하니까 영어가 는다는 사실은 해 보지 않으면 모르는 신비로운 비법이었어요.

프랑스에서는 프랑스어 문제집들을 풀어 대면서 공부했어요. 대학 때의 경험을 되살려 쉬운 문제집을 골라 무지막지하게 풀었어요. 그리고 그렇게 무식하게 풀어 댄 뒤에 꼬박꼬박 찾아와 주던 편안한 기분.

여러분들도 쉬운 문법 문제집을 골라서 풀어 보길 권해요. 중학생용 문법 문제집이 좋아요. 언뜻 보면 다 아는 듯 보이지만 다 아는 것들을 반복해서 다지면 문법 자체도 좋아질 뿐 아니라 무엇보다 영작이 쉬워져요. 원래 영작이라는 게 하려고 들면 쉬운 문장도 잘 안 만들어지거든요. 그런데 그 쉬운 문법 문제를 반복해서 풀다 보면 영작이 어느새 쉬워진답니다.

# 문법 문제집 푸는 법

## 다니엘 스틸의 책을 10권 정도 읽었을 때 시작해 주세요

### 중학교 1학년 문법 문제집 푸는 법

1 우선 중학교 1학년용 영어 문법 문제집을 골라 주세요. 문법 설명 말고 문제가 나오는 부분이 있을 거예요. 그 가운데서 답 문장만 써 주세요.

2 1과에 나오는 답 문장을 5번 반복해서 쓰고, 그다음 2과의 답 문장을 5번 반복해서 쓰고 이런 식으로 끝까지 써 주세요.

### 중학교 2학년 문법 문제집 푸는 법

1 2학년 문제집은 세 과씩 5번 써 주세요. 1, 2, 3과의 답을 쭉 한 번씩 쓰고 다시 1, 2, 3과의 답을 쓰는 방식으로 5번 반복해 주세요.

2 5번 반복이 끝나면 4, 5, 6과를 몰아서 5번씩 써 주세요. 그다음은 7, 8, 9과, 이런 식으로 세 과씩 진행해 주세요.

3 너무 힘들면 일단 3번만 해도 돼요. 하지만 5번 반복이 정말 확실한 결과를 가져올 거예요.

4 5번씩 다 썼으면 2학년 문제집에 나와 있는 영어 문장 전체를 필사해 주세요. 문장 전체를 베껴 쓰면 돼요.

### 중학교 3학년 문법 문제집 푸는 법

**1** 3학년 문제집은 처음부터 끝까지 답을 적은 뒤에 다시 처음부터 끝까지 통째로 쓰는 식으로 답을 5번 베껴 주세요.

**2** 3학년 문제집은 상당히 두껍지만 1, 2학년 문제집과 반복되는 부분이 많아서 새로운 건 거의 없어요. 시간 싸움이라 지루할 수 있지만 어학은 무조건 일정한 양이 채워져야 하는 것이기 때문에 좀 지겹더라도 반드시 끝장을 내 주세요.

>> 추천하고 싶은 문제집은 『중학영문법 3800제』예요. 문제집을 5권 사서 반복해서 답을 적어 보는 것도 좋고, 아니면 한 권만 사서 답을 5번 쓰는 방법도 좋아요. 그리고 중학교 1학년, 2학년, 3학년 문제집을 꼭(!) 5번씩 다 푸는 것을 목표로 하세요.

>> 그저 답지를 들고 무조건 베껴 주세요. 문제를 푸는 것이 아니고 답을 베끼면서 왜 그 답이 나오는지 이해하는 정도만 하는 거예요. 쉬운 문장들이지만 수없이 많이 보면 문법의 바탕을 훌륭하게 다질 수 있어요. 시간을 많이 투자해서 기초 공사를 잘해 놓으면 집이 금방 지어지는 것처럼 영어도 마찬가지예요.

5

# 영어에 붙이는 가속도

## 터널 밖으로 나오기

프랑스에 살던 시절 영국에 갈 일이 있었어요. 비행기 탑승 수속에 걸리는 잡다한 시간을 싫어하는 저는 기차로 영국에 갈 수 있단 소식을 듣고 너무 기뻤어요. 해저 터널이 생겼다고 하더라고요. 저는 해저 터널로 가면 물고기라도 구경하는 줄 알았어요.

암튼 비행기 타는 것보다 훨씬 짧은 시간에 수속이 끝나서 정말 기뻤어요. 밖이 보이진 않았지만 바다 속을 달린다는 사실은 정말 흥분되는 일이었어요. 그런데 터널은 콘크리트 굴속이더라고요. 딱히 폐소 공포증 같은 게 있는 건 아닌데 한 삼십 분쯤 그 터널 안에 있으니 약간 두려웠어요.

내가 정말 바다 속에 있었던 걸까, 그 뒤로 가끔 한번씩 돌이켜 생각해 보곤 해요. 암튼 신기한 경험이기는 했는데 왜 그 안에서 그렇게 두려웠을까요?

기차는 계속 달리지만 터널 벽 회색 콘크리트만 계속 보다 보니 한자리를 맴도는 것만 같은 불안이 느껴져서였을까요? 계속 바뀌는 경치를 보며 달릴 때는 오랜 시간이라 지루하긴 해도 두렵지는 않지요. 앞으로 나아가는 게 확실하니까요.

그런데 터널 안에서 콘크리트만 보고 있으니 시간도, 나도, 기차도 다 멈춘 것 같은 착각도 들고, 영원히 이 터널 안에 갇혀 버릴 것 같은 얼토당토않은 생각에 빠졌던 것 같아요.

공부를 하다가 그 터널의 기억을 가끔 떠올리곤 해요. 진도가 생각처럼 나가 주지 않고, 시간이 지나도 실력이 늘 것 같지 않은 불안감이 엄습해 오고, 터널 밖이 과연 있기나 할까 하는 지극히 어두운 생각이 들 때가 있어요.

언어 공부는 다른 공부들에 비해서 더 자주 터널 속을 들어가요. 터널 속에 있는 동안은 아무리 쓰고 외워도 그 자리만 맴맴 도는 것 같아요. 그러나 저는 그 터널을 몇 번씩 들락날락하다 보니 이제 두렵지 않아요. 터널을 즐기는 나름의 여유도 생겼고요.

'나는 지금 터널 안에 있는 거야. 내가 걷기만 하면 무조건 터널 밖을 나가게 되어 있어. 세상에 끝이 없는 터널은 없으니까. 걸어도 걸어도 회색 콘크리트만 보이는 터널 안에서는 더욱 더 기운을 내서 걸어야 해.'

이렇게 믿으면 돼요. 무작정 쓰기만 하는 동안 자주 터널 안으로 들어가게 될 거예요. 그렇게 터널을 몇 번 들락날락하다 보면 목적지에 가까워진 걸 느낄 거예요.

터널 밖으로 나올 때의 기쁨은 쏠쏠해요. 한번 들어갔다 나오면 다음 터널이 덜 두려워요.

가끔씩 터널에서 걸어도 소용없다는 느낌 때문에 걷기를 포기하고, 그래서 영원히 터널 안에 갇힌 분들을 만나곤 해요. 정말 안타까워요. 터널 안에서도 걸어야 하는데. 그래야 나올 수 있는데!

사전을 1차, 2차에 걸쳐 칠하고 단어들도 다 썼는데 다니엘 스틸의 『Dating Game』 단어를 사전에서 찾아서 쓰기까지 하라니 산 넘어 산을 만난 기분이시죠? 게다가 문법 문제집까지 풀라니요? 『트레이닝북』에도 공부할 거리가 산더미인데요.

하지만 해 봐야 단어, 문법, 숙어 쓰기가 얼마나 많은 영어의 난제들을 아무렇지도 않게 만들어 주는지 실감하게 돼요. 그러면 터널이 그리 지겹지 않을 거예요. 폭풍 쓰기를 꼭 한번 해 보세요.

도로를 보면 운전의 신들이 그곳을 누비는 것만 같아요. 복잡해 보이는데 어쩜 그렇게 자기 갈 길을 알아서 잘 달리는지요. 그러나 막상 운전을 하게 되면 파란불, 빨간불 등 간단한 원칙 몇 가지로 복잡한 도로가 운영된다는 걸 알게 되지요. 그런데 그 간단한 원칙 몇 가지는 오랜 시간이 가야 익숙해져요.

영어도 그래요. 쉽고 간단하지만 양을 채워야 해요. 조금 지겹더라도 『트레이닝북』을 동반자 삼아 횟수를 채워서 쓰다 보면 전에는 그냥 지나치곤 했던 것들이 자리를 잡으면서 영어 문장이 훨씬 선명하게 보이는 순간이 올 거예요.

진도는 각자의 사정에 따라 조절하면 돼요. 단어, 문법, 숙어를 책 읽기 전에 시작해야 하지만 책을 읽기 전에 끝낼 필요는 없어요. 개개인의 진도에 맞춰 책을 읽으면서 단어, 문법, 숙어를 쓰는 일을 병행해 주세요.

단어, 문법, 숙어를 쓰면 쓸수록 책이 술술 읽힐 거예요. 책을 읽으면 읽을수록 단어, 숙어, 문법이 다 같이 팍팍 좋아질 거예요. 상승 작용이 일어나요. 그 재미를 느껴 보세요.

터널을 만나도 계속 앞으로 나가게 할 수 있는 공부거리들이 잔뜩 있으니 걱정 마세요. 터널은 곧 사라져요.

## 해 봤어?

미국에 오니 골프를 즐기는 사람들이 정말 많더라고요. 운동을 그다지 즐기지 않는 저로서는 어른들이 옷까지 빼 입고 조그만 공 하나에 몰두하는 모습이 좀 낯설었어요.

그런데 시간이 지나면서 매력 있는 운동이라는 생각이 들었어요. 알면 알수록 언어 공부와 비슷하기도 하고요.

골프는 자세가 매우 중요해서 필드에 나가기 전에 반드시 레슨이 필요해요. 혼자서 자세를 연습하는 시간도 많이 필요하더라고요. 그러니까 필드에 나가기 위해서 필드 밖에서 할 일들이 많다는 거죠.

영어도 마찬가지라서 미국인과 만나서 대화하기 전에 반드시 자세부터 잡아 놓아야 해요. 필드에 무작정 나간다고 골프를 저절로 잘하게 되는 게 아닌 것처럼, 영어도 미국인 만난다고 저절로 되는 일이 절대로 아니라는 거죠.

말을 하고 싶은데 들리지 않으면 어떡하나요? 들린다 해도 말을 만드는 방법을 모르면요?

무조건 TV 본다고 영어가 들리는 거 절대 아니고 미국인과 같이 지낸다고 절대 말 느는 거 아니랍니다.

듣기는

❶ 미국인이 말하는 내용을 다 이해할 수 있어야 하고,

❷ 그들이 말하는 속도와 내가 이해하는 속도가 맞아떨어졌을 때 일어나는 일이랍니다.

그리고 말하기는

❶ 미국인이 말하는 내용을 다 이해할 수 있어야 하고

❷ 내가 영어로 말 만드는 방법을 알고 있을 때 할 수 있는 거예요.

골프를 하는 사람에겐 무조건 필드에 나가라, 나가라 강요하지 않는데 영어는 왜 무조건 나가라, 부딪쳐라 강요하는지 저는 불만이에요. 필드에 나가기 전 연습장에서 무수한 연습을 해야 하는 것처럼 영어도 미국인과 대화하기 전에 반드시 해 놓아야 할 일이 있다고요!

제 공부법대로 영어를 쓰면서 공부하는 분들은 대부분 '그래서는 안 돼!' 라는 주위 사람들의 걱정을 듣게 돼요. 사전을 공부하는 것

도 그렇고, 주구장창 쓰는 것도 그렇고, 유치해 보이는 소설만 읽는 것도 그렇고 언뜻 보기에 좀 무식해 보이는 건 사실이니까요. 저는 익숙해져서 괜찮지만 여러분들은 가끔 '정말 그런가?' 하고 흔들릴지도 몰라요.

그럼 다른 사람들의 걱정은 틀린 걸까요? 그렇지 않아요. 그 말도 백 번이고 천 번이고 맞아요. 당연히 나가서 부딪쳐야 한답니다. 다만 우리는 부딪치기 전에 준비를 철저히 하는 거예요. 부딪쳤을 때 영어가 팍팍 늘 수 있도록 연장도 준비하고, 바탕도 튼튼하게 하는 거지요.

주위에서 그렇게 해서 되겠느냐고 하면 그렇게 해서 반드시 된다고 자신 있게 말씀하세요.

현대 정주영 회장의 어록 중 아주 맘에 드는 말이 있어요.

"해 봤어?"

너무 멋진 말이라고 생각해요. 해 보기도 전에 안 된다고 하는 사람들 말에는 귀 기울이지 말자고요.

## 무엇 하나 버릴 것 없이 만들어진 세상

프랑스에서 살림을 하도 질리게 해서 미국에서는 피하며 살았어요. 직장이 있기도 했지만 일부러 피해 가며 살았어요. 그러다가 다시 작심을 하고 요리에 정을 붙이며 많은 시간을(전보다는) 투자하면서 지냈어요. 그리고 써는 일을 많이 하면서 아주 기가 막힌 사실을 하나 발견했어요. 제가 요리는 정말 못하지만 칼질은 꽤 한다는 사실이에요.

당연히 전문가처럼 하는 건 아니에요. 그러나 오십 가까운 나이에 하는 칼질치고는 그리 부끄럽지는 않다 싶어요. 저는 정말 요리의 기본은 부족해요. 요리를 하다가 아주 간단한 것에서도 헤매고 허둥대면서 기본 상식이 턱없이 부족하다는 걸 자주 확인해요. 그런데 파를 썬다거나 호박, 버섯, 두부같이 부드러운 걸 썰 때는 저도 모르게 은근 전문가(?)처럼 칼이 리드미컬하게 나가요. 예전에 부엌에서 엄마가 음식 준비하면서 냈던 칼 소리와 상당히 유사해요.

세상에 원인 없는 결과는 아무것도 없다는 사실을 깨달았어요.

사실 미국에 와서 의도적이긴 했지만 시간이 없기도 해서 요리에 신경 쓸 수 없었어요. 항상 마음에 걸렸고 가족에게 미안했어요. 떼돈을 벌어다 주는 것도 아니면서 살림을 등한시하고 있다는 사실이 옳지 않다고는 여러 번 생각했었어요. 김치 하나만 툭 볶아서 상에 놓아도 불평 없이 맛있게 먹는 고마운 남편과 딸한테 나중에 언젠가는 보답(?)하리라 굳게 결심했지요.

나중에 다른 건 다 따라잡을 수 있지만 칼질은 하루아침에 불가능할 것 같았어요. 그래서 아주 기본적인 요리만 하며 먹고 사는 와중에도 볶음밥을 자주 하려고 노력했어요. 여러 가지 야채를 많이 넣어 건강에도 좋지만 볶음밥은 무엇보다도 칼질을 많이 해야 하니까요.

볶음밥의 기본인 감자, 당근, 오이, 양파는 정말 많이 썰었어요. 마르고 닳도록 썰었어요. 훗날을 기약하는 마음으로 열심히 썰어서 볶음밥을 해 먹었어요.

그리 칼질(?)을 하면서도 마음속으로는 이게 나중에 정말 도움이 될 거라고는 생각하지 않았어요. 아무리 해도 내 칼질은 늘고 있지 않는다고 생각했고요. 감자, 당근, 오이, 양파나 썰면서 뭐가 달라지길 바라는 것도 딱 도둑놈 심보라고 생각했어요.

그렇지만 10년 이상을 한결같은 마음으로 열심히 썰었어요. 중간에 이건 아니다 싶은 적도 많았지만 딱히 새로운 뭔가를 할 여유도 없었고요. 그거라도 꾸준히 하고 있어야 마음이 편했어요. 요리를 버리지 않겠다는 제 자신과의 약속을 지키는 일이었어요.

그런데 최근에 드디어 시간이 나서 여러 가지 음식들을 하면서 손놀림이 더 빨라지게 됐고 순식간에 칼질(?)이 좋아졌어요. 절대! 절대!! 절대!!! 매우 잘한다는 것이 아니고 제 수준에서는 정말 놀랍도록 발전을 했어요. 아주 만족해요.

칼질의 발전도 하루아침에 이루어진 것이 아니었어요. 오랜 시간 항상 언젠가는 요리를 잘하겠단 소망을 마음에 담고 있었기에 얻은 결과라고 생각해요. 만일 정말 요리에서 완전히 손을 놓고, 다시 하고자 하는 열망도 없이, 아무것도 하지 않고 살았다면 요즘과 같은 패자부활(?)의 기쁨을 맛보지 못했을 거예요.

미국에서 영어를 가르치면서 깜짝 놀라곤 했었어요. 분명 순식간에 발전을 할 수준이 아니었는데 수직 상승을 하는 분들이 꽤 있더라고요.

처음에는 '내가 너무 잘 도와줘서?' 라고 생각했어요.

하지만 아니었어요. 그분들의 수직 상승의 힘은 '오랜 시간의 염원'이었어요. 제가 볶음밥 칼질을 놓지 않았듯이 그분들도 오랜 시간 영어를 하고 싶다는 염원을 가지고 늘 영어 공부에 발을 담그고 있었던 거예요.

간절한 염원과 소소하게 쌓인 공부들은 과연 헛되지 않았어요. 본격적으로 공부에 센 불을 지피자 다들 실력이 수직 상승했어요.

그분들은 오랜 시간의 안개 속에서 헤매며 겪었던 좌절 덕분에 어떤 어려움도 시시하게 생각하는 능력을 갖추고 있었어요. 아무리 무자비한 공부의 양을 드려도 좌절하는 것보다는 낫다고 생각하더라고요. 오랜 기간의 간절한 염원이 이루어지는 방법을 알았다는 사실에 무리한 쓰기 숙제를 오히려 감사하게 여기더라고요.

딱히 뭔가를 구체적으로 하고 있지 않았어도 소망을 가지고 아무리 사소한 것이라도 계속하는 것이 얼마나 큰 에너지를 만드는지!

수많은 잠 못 이루는 밤을 만든 질문들 – 어떻게 가야 하는가, 언제 갈 수 있을 것인가 – 그 쓰린 질문들은 아팠던 딱 그만큼 에너지를 만들어 쌩쌩 달리게 하더라고요.

공부하다가 리듬을 잃을 수도 있어요. 괜찮아요. 리듬은 다시 만날 수 있어요. 괴로운가요? 괜찮아요. 세상에 지나가지 않는 괴로움은 없어요. 지나갈 뿐 아니라 그 괴로움은 딱 그 부피만큼 나중에 에너지가 되어 줄 거예요.

내일이 있다는 사실만 절대 잊지 마세요. 오늘 못 하면 내일 하면 돼요. 내일 못 하면 모레 하면 되고요. 내가 할 수 있는 부분을 꾸준히 하다 보면 낙숫물이 어떻게 바위를 뚫는지 알게 될 거예요.

# 시드니 셀던 독서 목록

## 다니엘 스틸의 책을(21권) 다 읽고 시작해 주세요

시드니 셀던(Sidney Sheldon) 독서 목록

1. 『Master of the Game』
2. 『If tomorrow comes』
3. 『Rage of Angels』
4. 『The Stars Shine Down』
5. 『Nothing Lasts Forever』
6. 『Tell Me Your Dreams』

* 『The Naked Face』
* 『The Other Side of Midnight』
* 『A Stranger in the Mirror』
* 『Bloodline』
* 『Windmills of the Gods』
* 『The Sands of Time』
* 『Memories of Midnight』
* 『The Doomsday Conspiracy』
* 『Morning, Noon and Night』
* 『The Best Laid Plans』
* 『The Sky is Falling』
* 『Are You Afraid of the Dark?』

>> 다니엘 스틸의 책에는 복선이나 암시 같은 게 거의 없어요. 그러니 그야말로 단어만 알아도 웬만하면 읽을 수 있어요. 상식도 필요 없어요. 내용 자체가 누구나 읽을 수 있는 것들이에요. 시드니 셀던의 책에는 복선이나 암시가 좀 나오긴 하지만 충분히 즐기면서 읽

을 수 있어요.
만일 지금 상태를 유지하며 다니엘 스틸만 주구장창 읽어도 듣기는 굉장히 많이 좋아질 거예요. 그러나 우리의 목표는 다니엘 스틸이 아니에요. 다니엘 스틸과 시드니 셀던은 징검다리예요. 그 두 작가를 거쳐서 우리는 정말 우리가 원하는 큰 영어에 이를 거예요.
우리가 원하는 건 너무 전문적이지 않은 책이면 뭐든 자유롭게 읽을 수 있는 순간이에요. 그 순간에 이르려면 다니엘 스틸과 시드니 셀던을 포함해서 탄탄한 준비가 필요해요. 다니엘 스틸과 시드니 셀던을 다 읽는 것이 목표가 아니에요. 그 책들은 우리가 준비한 것들을 다지는 수단이에요. 어려운 책으로 가기 위한 준비를 빈틈없이 하는 거지요.

>> 다니엘 스틸의 책이 아침드라마 같다면 시드니 셀던의 책은 한 편의 영화 같아요. 내용의 질을 떠나서 정말 흥미진진해요. 책 읽기 속도를 제대로 내게 해 주는 책이에요. 빨리빨리 다니엘 스틸 책들을 마무리하고 시드니 셀던으로 갈아타 주세요.
『트레이닝북』에 보면 시드니 셀던의 단어들도 사전에서 찾아서 칠하고 베끼는데요. 다니엘 스틸 때와 마찬가지로 부담 없이 하세요. 절대 외울 필요가 없어요. 책을 읽다 보면 어정쩡하게 느껴지던 단어들은 저절로 많이 좋아져요. 단어 실력이 순식간에 날개를 달아요. 그런데 준비하지 않고 되는 대로 읽으면 모르는 단어들은 그대로 모르는 단어들로 남게 된답니다. 사전 칠하기와 뜻 베껴 쓰기를

거쳐 단어를 준비하고 책을 읽으면 그 단어들이 상당수 확실한 내 것이 돼요.

>> 다니엘 스틸을 지나 시드니 셀던까지 마치면 영어가 좀 편안해질 거예요. 자꾸 들추는 슬픈 사실이지만 영어 정복의 길은 멀고 험하기에 이 두 작가의 책을 다 읽는다 해도 영어 세상이 환해지지는 않아요. 그러나 이 두 작가의 책을 일단 끝내면 어디든지 날아가실 수 있어요.
나도 모르게 뭔가 편안해지는 느낌도 좋지만 책을 읽는 일이 이렇게도 쉬운 일이었던가 놀라게 될 거예요. 무엇보다 영어에 관한 어떤 공부도 두렵지 않을 거예요. 듣기가 깜짝 놀랄 정도로 좋아지는 건 당연하지요.

>> 시드니 셀던의 책도 6번까지는 목록의 순서를 지켜 읽어 주세요. 나머지 12권은 자유롭게 읽되 한 권당 2~3일을 넘기지 말아 주세요. 전체 책 다 읽기는 6주 정도를 목표로 잡으면 돼요.

## 영어로 말하려면

몇 해 전 봄의 어느 날이었어요. 4월 초였는데 며칠 연달아 비가 지겹게 내렸어요. 그날도 비가 내린 터라 유난히 어두워서 조심조심 운전을 하고 있었어요. 대형 마트를 지날 무렵, 베이지색 차가 마트에서 튀어나오더니 제가 직진하고 있는 차선으로 들어오려고 했어요. 저는 당연히 제가 지나간 다음 들어올 거라고 생각해서 그냥 갔는데 그 차는 멈추지 않았어요. 그대로 가다간 부딪칠 것 같은 상황이라 그 차를 피해서 속력을 줄이고 옆 차선으로 들어가려고 했어요.

근데 길이 미끄러워서 브레이크 밟자마자 그만 제 차는 빗길에서 빙빙 돌기 시작했고 수많은 생각들도 머릿속에서 빙빙 돌았어요. 일단 '나는 여기서 죽는구나' 라는 생각이 제일 먼저 들었어요. '오가는 차들에 부딪치겠구나, 죽을 수도 있겠구나' 이런 생각이 들었는데 삶에 그렇게 미련이 생기지 않았어요.

'나는 꼭 살아야 해요! 꼭 살게 해 주세요!' 라는 기도도 하지 않았어요. 빗길에 돌고 있는 차를 멈출 수 없는 것처럼 내 인생도 내가 어쩔 수 없겠구나, 이런 마음으로 덤덤했어요.

어처구니없게도 그 순간 정말 신경이 쓰였던 건 '내가 지금 무슨 옷을 입고 있는가, 속옷은 뭐였더라, 설거지는 하고 나왔던가?' 이런 것들이 신경 쓰였어요. 죽고 난 뒤의 모습은 걱정됐어요.

그리고 제 차는 마주 오던 트럭과 부딪쳤어요.

곧바로 앰뷸런스도 오고, 소방차도 오고, 경찰차도 왔어요. 저는 병원에 가서 온갖 검사를 다 받았고 차는 폐차를 시켜야 할 정도로 부서졌어요. 하지만 저는 손끝 하나 다친 곳이 없어서 집으로 그냥 왔어요. 집에 와서 보니 제 손에 교통 위반 티켓이 있더라고요. 정말 억울했어요.

그때 어학원에서 스페인어 회화 수업도 했는데 미국에서 오래 산 학생들이 많았어요. 제가 이 티켓을 그대로 받을 수는 없고 법정에 가서 무죄를 받아 내겠다고 하자 학생들이 다 저를 말렸어요.

튀어나왔던 차는 이미 사라졌고 제가 차선을 이탈해서 거꾸로 오는 차를 박은 것이 명백한 사실이라 티켓을 받는 게 당연하다는 거예요. 변호사 사무실에서도 고개를 저었어요.

그럼 핸들을 돌리지 말고 그 차와 부딪쳐야 했을까요? 목격자도 없으니 그냥 이 티켓을 받아야 할까요? 폐차를 시키는 마당에 하나도 안 다쳤으니 감사한 마음으로 벌금을 낼까요?

이런저런 고민이 많았는데 저는 결국 법정으로 갔어요. 다행히 트럭 운전사는 별로 다치지 않았어요. 저는 판사에게 정말 억울하다고 말했고 표면적으로는 제 잘못이지만 그렇다고 튀어나오는 차를 박을 수는 없지 않느냐, 몸은 멀쩡하지만 마음은 크게 다친 데다가 차는 폐차되었고 이 기분 나쁜 티켓까지 들고 있다, 다른 건 되돌릴 수 없고 운명이라고 생각하고 받아들이겠지만 이 티켓만큼은 되돌리고 싶어서 다들 말리는데 왔다고 했어요.

그러자 판사가 흔쾌히 제 말이 맞다며 티켓은 없었던 일로 해 줄 테니 트럭 운전사 치료비는 제 보험으로 해결하라고 해서 무조건 오케이! 하고 나왔어요.

이 소식을 들은 지인들은 교통사고가 나면 저에게 전화를 해요. 어떻게 혼자 가서 무죄를 받았는지 상황 설명을 해 달라고 하죠. 성심성의껏 대답을 했는데 듣고 나선 꼭 같은 질문을 해요.

'나는 억울하다'는 영어로 뭐냐고요. 이상하게도 제가 뭐라고 말했는지 기억이 나지 않았어요. 그냥 그런 뉘앙스로 말했을 뿐이지 그대로 영어로 바꿔서 말한 건 아니라고 대답했죠.

저는 영어로 말할 때는 한국어 생각은 하지 않거든요. 그냥 영어로 떠오르는 대로 얘기해요. 영어로 생각하고 영어로 말하는 셈이에요. 일부러 그러는 게 아니라 영어할 때는 한국어가 생각나지 않거든요.

'나는 억울하다'를 한국어로 생각한 이후에 영어로 바꾸면 'That's not fair'가 가장 일반적인 말일 수는 있어요. 그런데 저는 법정에 가서 "That's not fair"라고 하지 않았어요.

어린 시절, 엄마는 저한테 항상 "너는 고학년이잖아" 하시면서 저의 놀 권리(?)를 침해하곤 했어요. 저는 어느 정도 수긍은 했지만 때로는 억울하다고도 생각했어요. 왜냐하면 저는 항상 고학년이었는데 동생들은 항상 저학년이었거든요.

저는 초등학교 5학년 때쯤 "너는 고학년이야"라는 소리를 들었는데 동생들은 초등학교 5학년이 되어도 고학년인 중학생 제가 있으니 여전히 놀아도 되는 저학년이었어요.

정말 억울했어요. 공평하지 않았어요. "That's not fair!"로 얘기할 만한 상황이지요. 하지만 "That's not fair!"는 한국어로 "나는 억울하다"는 표현과 딱 맞지는 않아요.

법정에서 제가 뭐라고 하며 저의 억울함을 표현했는지 한동안은 기억이 나지 않다가 어느 날 갑자기 떠올랐어요. 저는 victim이라는 단어를 썼어요. "나도 피해자다" 이렇게 얘기했던 거예요.

교통사고의 기억은 정말 끔찍했어요. 법정에서의 질문들을 예측하고 그 질문에 어떻게 대답할 것인가 정리하는 일은 사고를 또 한 번 당하는 것 같은 괴로움을 안겨 주었어요. 더구나 모든 사람이 말리는데 고집을 부리며 간 것도 스트레스였어요. 그래서 '피해자'라고 표현했던 것 같아요.

그러면서 여러 가지 생각을 하게 됐어요.

물론 저는 법정에서 대답할 때 한국어로 생각한 뒤 영어로 바꾼 것이 아니고 그냥 영어로 떠오르는 대로 말을 만들어 가며 얘기했어요. 그러다가 자연스럽게 'victim'이라는 단어로 억울함을 표현한 거였어요.

그래서 한국어를 영어로 어떻게 바꿨냐고 할 때 생각이 안 난 거예요. 법정에서 저는 영어만 가지고 얘기를 풀어 나갔거든요. 법정에서 제가 한국어로 먼저 생각을 하고 영어로 바꾸었다면 어땠을까요? 아마 말하기가 힘들었을 거예요. 억울하다는 말을 하고 싶은데 '억울하다'에 해당하는 영어 단어가 퍼뜩 떠오르지 않는다면? 당황해서 이야기가 쉽게 풀리지 않을 거예요.

한국어는 나의 모국어이기 때문에 차원이 높아요. 섬세하게 감정을 표현하는 단어들, 은어나 속어도 많이 사용하는데 외국어인 영어로는 그 수준의 단어를 말할 수가 없어요. 생각과 단어의 수준 차이가 나는 것이지요. 그러면 말문이 막힐 수밖에 없어요.

그래서 처음 영어 회화를 시작할 때는 한국어 문장을 내 영어 수준에 맞추어 만드는 것이 중요해요.

예를 들어 '요즘 들어 어째 자꾸 깜빡깜빡하는 게 나이가 드는 징조인 것 같아서 서글펴요'라는 문장을 영어로 말하고 싶으면 사전에서 어째, 깜빡깜빡하다, 나이가 들다, 징조, 서글프다 등등의 단어를 모두 찾아야 하지요. 고달픈 일이고 효율적이지도 않아요. 문학적인 번역이 아니라면 일단 이 문장을 우선 쉽게 만들어야 해요.

"나는 요즘 쉽게 잊는다. 그래서 슬프다"나 "나는 슬프다, 왜냐하면 나는 요즘 쉽게 잊기 때문이다" 정도로 단순화시켜 영어로 바꿔 보는 자세가 필요한 거죠.

당연히 영어로 생각하고 바로 영어로 말하는 게 가장 이상적이긴 하지만 그게 하루아침에 되는 건 아니거든요.

이렇게 하고 싶은 말을 아주 간단하게 만드는 걸 연습하다 보면 어느 순간 패턴이 쌓이게 돼요. 굳이 한국어로 먼저 생각하지 않아도 수없이 연습한 패턴을 이용해 영어로 하고 싶은 말이 바로 떠오르는 순간이 와요.

모국어인 한국어를 돌이켜 봐도 백만 가지의 다양한 패턴으로 백만 가지의 다양한 생각들을 이야기하는 것 같지만 의외로 실생활에서 그렇게 많은 종류의 패턴을 사용하지 않는답니다.

일단 단순한 문장으로 시작하고 점차 쓸 수 있는 문장들을 늘려가면 돼요. 한국어를 처음 배울 때 '엄마, 밥 줘'부터 시작해서 점차 긴 문장을 만드는 과정과 비슷해요.

그런데 우리는 이미 어른이기 때문에 한국어를 배운 과정을 그대로 재현하기는 너무 힘들어요. 무작정 말하기부터 시도하면 시간이 정말 오래 걸려요.

웬만큼 알아듣고, 웬만큼 문법 되고, 웬만큼 작문 실력을 갖춘 상태에서 연습해야 금세 늘 수 있어요. 기본 바탕이 탄탄해야 빨리 발전할 수 있어요.

또 말을 할 때는 듣기가 바탕이 되어야 해요. 듣기 위해서는 정말 많은 단어, 문법, 숙어, 독서가 필요하지요. 오히려 말문을 열 때는 그렇게 많은 패턴이 필요하지 않아요. 말은 금방 늘 수 있어요. 읽기와 듣기를 잘하려면 기본을 닦기 위해서 죽어라고 양을 채워야 하는 고달픈 시간이 있지만 말하기는 기본을 가지고 응용하는 단계이기 때문에 그리 고달프지 않아요.

도저히 영어로 말을 할 수가 없어서 고민이신가요? 지금은 일단 기본기를 닦으며 읽기와 듣기 연습에 집중해 주세요. 지금 당장은 말하기가 아쉬울지 몰라도 결국은 듣기 연습을 철저히 하길 잘했다 생각할 거예요.

영어로 말을 하기 위해서는

❶ 듣기가 대략 되어 있어야 한다. – 문법, 단어, 숙어, 독서, 상식 등 기본기와 함께

❷ 생각을 간단한 한국어로 바꾸는 훈련을 한다.

❸ 간단한 한국어를 영어로 바꾸는 훈련을 통해 문장의 기본 패턴을 발견한다.

❹ 기본 패턴을 이용해서 영어로 말하다 보면 점차 한국어로 먼저 생각하는 빈도가 줄어든다.

❺ 한국어를 거치지 않아도 되는 영어 문장들이 늘어나면서 영어로 생각해서 말하는 단계에 진입한다.

❻ 영어로 생각해서 말하는 단계에서 상대방이 하는 말에서 따라할 수 있는 표현을 찾아내어 내 것으로 만드는 과정을 거친다.

❼ 내 것이 되는 말이 늘어날수록 점점 길고, 섬세하고, 복잡한 문장들을 말할 수 있게 된다.

지금 영어 단어로 한창 노트를 채우고 있을 여러분. 방대한 공부

의 양 때문에 손이 아프시겠죠, 아마. 그래도 재미있지 않나요? 하루하루 영어를 위해 뭔가를 하고 있으니까요.

그런데 막 책을 읽으며, 영어 공부의 재미를 깨달아 가는 여러분들에게 좀 냉정한 말 같기는 하지만 영어 공부는 지금부터 시작이랍니다. 그동안은 몸 풀기 같은 거였어요.

이 책을 덮고 나서도 얼마나 착실하게 책을 읽고 단어 공부를 하며 숙어, 문법을 정리하느냐에 따라 영어 실력이 늘기도, 가만히 있기도 할 거예요.

일단 책을 읽기 시작하면 시간도 더 빨리 흘러가고 공부의 양도 더욱 더 많아질 수밖에 없어요. 책 읽기는 쭉, 계속 함께 가야 해요. 참고로 시드니 셸던의 책까지 다 읽은 분께는 존 그리샴의 작품들을 추천해요.

아, 아직 할 일이 차고 넘쳤어요. 그래도 즐거운 일이에요. 영어 공부의 양을 매일 스스로 체크할 수 있잖아요. 아직 실감나진 않아도 내가 한 공부만큼 내 영어가 늘었을 거라고 생각해 주세요. 여러분이 공부한 양이 여러분의 영어 실력이 되는 거예요.

# 귀를 뚫는 방법 – 미드 보기

## 시드니 셸던의 책을(18권) 다 읽고 시작해 주세요

미드 보기 요령

1 미드를 보면서 영어 자막을 동시에 읽는다.

2 점점 자막 읽는 속도를 높인다.

3 모르는 숙어들은 눈으로 읽으며 익숙해진다.

4 미드 한 시즌을 2~3주 이내에 몰아 본다.

>> 미드(미국 드라마)는 처음에 자막을 틀어 놓고 보는 게 좋아요. 책을 열심히 읽었고 단어, 문법, 숙어 쓰기를 충분히 했다면 자막 속도에 크게 뒤지지 않을 거예요.
자막을 끄고 보는 게 듣기 연습에 더 좋을 것 같다고요? 우리는 미드를 통해 새로운 형태의 독서를 하는 거예요. 책으로 하는 독서는 자기가 읽으면서 속도를 조절할 수 있기 때문에 말하는 속도와 맞춰 빠르게 읽기가 그리 쉽지 않아요. 하지만 미드 자막은 말하는 속도와 거의 같은 셈이에요. 자막을 읽을 때 말하는 속도를 따라가는

것이지요.

>> 그럼 어느 세월에 들을 수 있냐고요? 듣기는 하루아침에 좋아지지 않아요. 이것도 시간과 양이 필요해요. 자막을 읽으면서 보기만 해도 듣기가 늘긴 하지만 진정한 듣기는 이해력과 속도가 뒷받침해줘야 해요. 당장 자막에 모르는 단어와 숙어들이 넘쳐날 거예요. 모르는 건 아무리 들어도 결국 몰라요. 지금은 일단 읽는 속도를 빠르게 하는 게 중요해요. 단어와 숙어들을 눈에 익히는 게 중요해요.

>> 미드를 보면 공부한 단어와 숙어들이 의외로 많이 나와서 깜짝 놀랄 거예요. 미드를 보면서 알고 있는 것들을 다지는 거예요. 알고 있는 것들만 우선 확실히 내 것으로 만드는 시간이에요. 모르는 건 차차 공부하면 돼요. 그러니 무조건 많이 봐야 한답니다.

# 에필로그

사실 제겐 평생 지니고 있는 꿈이 있어요. 작가가 되고 싶다는 꿈이에요. 대학교에 갈 때도 국문과에 갈까 심각하게 고민하다가 정치외교학과를 선택했어요. 정치학을 해서 소설을 쓰면 정치 소설 하나는 전문적으로 잘 쓸 수 있지 않을까 해서요.

프랑스에 가서 프랑스어를 남들보다 열심히 공부했던 것도 프랑스어를 끝내주게 하는 작가가 멋있을 것 같아서였고, 그 뒤 10개 언어를 공부하면서 많은 언어를 알수록 세계 각국에서 글을 쓸 소재를 모으는 데 큰 도움이 되겠구나, 하는 생각이 큰 힘이 됐어요. 모든 걸 다 깊이 알 수는 없겠지만 다양한 방면을 그럴듯하게 다룰 줄 아는 작가가 되고 싶었어요.

하지만 작가의 꿈은 꾸면 꿀수록 아득해졌어요. 어학은 열심히만 하면 되는 일인데 반해, 작가는 정말 재능이 필요하니까요.

작가의 꿈만 꾸다 죽어도 나쁘지 않겠다는 생각도 했어요. 행복한 꿈을 길게 꾸다가 여든 살쯤에 작품 하나 쓸 수 있다면, 끝맺진 못해도 적어도 시작할 수만 있다면 여한이 없겠지 하고 말이에요.

그러다 문득 돌아보니 제가 시간만 흘려보내고 있더라고요. 작가라는 꿈을 위해 뭔가 해야 할 것 같았어요. 우선 미국에 와서 바쁘게 생활하느라 제쳐 두었던 10개 언어를 완성하기로 마음먹었어요. 공부하다 보니 언어들은 어느덧 73개쯤으로 늘어났어요.

그렇게 간절히 글을 쓰고 싶었어요. 남들이 해 보지 않은 일을 하면 훌륭한 글 소재를 얻을 수 있을 것 같았어요. 모자라는 재능을 소재로 덮으려던(?) 거죠.

그런데 하루하루 공부에 매달리다 보니 내가 공부를 하는지, 공부가 나를 하는지 모를 지경에 빠지기도 했고 문득 완전히 길을 잃어버린 느낌에 사로잡히기도 했어요. 애초에 저는 왜 공부를 시작했던 걸까요?

글쓰기도 덜컥 시도해 보기로 했어요. 공부를 다 마칠 때까지 미루다간 이도 저도 안 될 것 같아서요. 그래서 블로그에 73개 언어 공부하는 과정을 연재하기 시작했죠. 저를 독려하는 계기도 될 수 있고, 다양한 외국어 공부를 하는 사람들에게도 도움이 될 수 있을 거라 생각했어요.

제 글을 읽어 줄 그분들에게 제일 도움이 될 만한 걸 나눠 주고 싶었어요. 그래서 가장 공을 들였던 영어 공부에 대한 노하우를 쏟아냈어요.

예상보다 더 많은 분들이 호응하며 따라오셨어요. 제 영어 공부 방법은 몸이 고단한(?) 방법이라 블로그라는 대중적인 공간에서 선뜻 따를 사람이 있을지 걱정했었거든요. 많은 분들이 함께하며 따뜻한 격려도 해 주셔서 행복한 시간을 보내고 있어요. 언어 공부의 고단함을 위로해 주는 큰 선물을 받았다고 생각해요.

73개는 정말 많은 언어지요. 더 늘어날 수도 있어서 저도 과연 끝까지 갈 수 있을지 의심이 들었어요. 글을 쓰기 위해 시작했는데 언어 공부 자체가 목적이 되어 버린 것 같아 갈등도 많았어요. 어느 순간인가부터 공부에 탄력이 마구 붙으면서 공부를 손에서 놓고 다른 일을 하는 것이 힘들었거든요.

그런데 지금은 생각이 바뀌었어요. 이것 또한 목적으로 삼아도 좋겠다 싶어요. 73개 언어로 우선 책을 읽을 수 있는 실력만 만들어 놓자고 결심했어요. 기본 실력을 착실히 쌓은 뒤에 하는 책 읽기가 얼마나 효율적인 어학 공부 방법인지 20년 넘은 경력의 어학 선생으로서 증명하고 싶기도 해요. 그러니까 제 영어 공부 방법은 73개가 넘는 언어를 공부하며 검증한 확실한 방법이 되는 거예요.

이제 책을 통해 저의 목표를 공개적으로 터트리고(?) 나면 앞으로 수없이 많은 질문을 받을 것 같아요. 무엇보다 73개 언어를 도대체 어느 정도로 하는지가 많이 궁금하실 거예요.

물론 저도 73개 언어로 모든 걸 하고 싶어요. 유창하게 말도 하고, 듣는 족족 알아듣고 술술 쓰기도 하고 싶어요. 하지만 제가 누누이 말했다시피 책 읽기가 되면 나머지는 그리 어렵지 않게 해결이 될 거라는 걸 알아요. 그래서 일단은 책 내용을 50~60% 정도 이해할 수 있는 있는 실력만 우선 만들고 있어요.

현재, 저의 73개 언어들의 수준은 각각 달라요. 언어마다 난이도도 다르고 공부한 양도 다르거든요. 지금도 계속 공부하고 있어서 실력은 또 달라질 수도 있어요.

일단 읽기 능력을 기준으로 한다면 영어, 프랑스어, 독일어, 스페인어는 학술적이거나 전문적인 내용이 아닌 이상 웬만한 책은 그냥 읽을 수 있어요. 일본어, 이탈리아어, 포르투갈어, 에스페란토어 등은 문법 체계를 거의 완성했고 책을 읽으면 70% 이상 이해할 수 있어요. 중국어, 타갈로그어(필리핀), 네덜란드어, 아이티어, 루마니아어, 그리스어, 카탈루냐어(스페인 북동부), 라틴어, 러시아어, 터키어 등은 책을 읽으면서 실력을 쌓고 있어요.

아직 슬로베니아어, 보스니아어 등 기타 유럽의 언어들과 아랍어, 히브리어, 이란어, 우즈베크어 등 중동과 중앙아시아의 언어들, 스와힐리어, 하우사어, 줄루어, 소말리아어 등 아프리카의 언어들, 그리고 힌디어, 네팔어, 벵갈어, 우르두어 등 인도·파키스탄의 언어들은 기초 문법을 익히면서 단어들을 모으고 있는 단계예요.

해 보니 언어 공부에는 좋은 머리가 아니라 기술과 체력이 필요해요. 그러니 망설이다가 시간을 보내지 말았으면 해요. 많은 사람들이 별 고민 없이 언어 공부를 더 일찍, 더 쉽게 시작할 수 있으면 좋겠다는 바람으로 『73개 언어 도전기』라는 책도 준비 중이에요.

사실 언어를 공부하지 않아도 사는 데에는 지장이 없어요. 영어도 필수가 아니라 선택이에요. 미국에 살아도 영어를 못한 채 그럭저럭 잘 지내는 분들도 많아요. 영어 한 가지를 잘하는 것도 큰일이지요.

이왕 공부하기로 선택했다면 넓게 보셨으면 좋겠어요. 수많은 언어들 가운데 영어는 하나일 뿐이에요.

저는 다 겪고 지나왔기에 "절대 조급해하지 마세요. 그저 하루하루 공부의 양만 채우세요. 쓰면서 고민하세요. 가장 젊은 날인 오늘의 체력을 마음껏 활용하세요"라고 얘기하지만 결국 영어는 조급해하고 방황하면서 공부하는 것이 당연한가 싶기도 해요.

그래도 시간을 들여서 제대로 공부해야 해요. 그게 제일 빠르고 쉬운 길이에요. 공짜 영어는 없답니다. 대신 헛된 공부도 없다는 걸 명심하세요!

태어나서 처음 하는

진짜 영어공부

# training book

## 차례

# training plan

* 사전 단어 색칠과 사전 단어 베껴 쓰기를 되도록 2개월 안에 끝낸다.
* 그 뒤 4개월은 전치사, 기초문법, 부사, 숙어 등을 공부한다. 『트레이닝북』에 나온 순서대로 공부해도 되고 개인의 진도에 따라 섞어서 공부해도 된다.
* 반드시 단어를 익히고 난 뒤 『Dating Game』과 『Master of the Game』을 읽도록 한다.
* 각각의 공부 기간은 권장 기간이므로 개인의 속도에 따라 달라질 수 있다. 공부를 하면 할수록 기간을 앞당길 수 있다.

| 7주 |
|---|
| 『Dating Game<br>단어 |

| 2주 | 4주 전 시작 |
|---|---|
| 부사 목록 | 숙어 목록 |

| 2주 | 4주 전 시작 |
|---|---|
| 전치사 | 기초문법 |

| 4주 | 5주 | 틈틈이 |
|---|---|---|
| 사전 단어 색칠 | 사전 단어장 쓰기(베껴 쓰기) | 사전 단어 점검 |

**영어공부 시작**

| 7주 | 4주 | 6주 |
| --- | --- | --- |
| 다니엘 스틸<br>독서 목록<br>(권당 2~3일) | 『Master of the Game』<br>단어 | 시드니 셀던<br>독서 목록<br>(권당 2~3일) |

**독서와 함께**

숙어 목록 계속

**독서와 함께**

기초문법, 문법 문제집

**독서와 함께**

**6개월 뒤 독서 시작**

# 사전 칠하기

시작 : 월 일
마침 : 월 일

1. 눈에 편한 색으로 색연필을 선택한다. – 되도록 초록색 계열
2. 사전의 A 챕터를 편다.
3. 'a'부터 읽어 나가며 알고 있는 단어를 모두 색칠한다. 긴가민가하게 알 것 같은 단어도 모두 색칠한다.
4. 색칠한 단어의 파생어들에도 모두 같은 색을 칠한다.
5. 사전의 Z 챕터까지 색칠을 끝낸다.
6. 사전 칠하기 1단계는 되도록 2주 안에 끝낸다. '오늘은 A 챕터를 다 칠한다', '내일은 C 챕터까지 다 칠한다'라는 식으로 그 날의 목표를 정하고 해야 효율적이다.

칠하다 보면 손이 잘못 나가서 모르는 단어인데도 색칠하게 되는 경우가 있다. 지우려고 하지 말고 그냥 넘어가자. 앞으로 실수는 수도 없이 하게 된다. 자잘한 실수에는 마음 쓰지 말자.

아론 자손의; 〖모르몬교〗 하급 교직의; 성직자다운(priestly). 「따위의 속칭.
**Áaron's-bèard** *n.* 〖식물〗 범의귀 · 물레나물
**Aaron's ród** 미역취(긴 줄기에 꽃이 연해 ... 가지에 휘감 ... 광이(민수기 X
**A.A** ... of Retired Persons ... Americanae Socius (L.)(=Fellow of the American Academy); American Academy of Sciences; American Astronomical Society. **A'asia** [èiéiʒə, -ʃə] Australasia. **AAU, A.A.U.** Amateur Athletic Union(전미 체육 협회). **A.A.U.P.** American Association of University Professors. **AAUW** American Association of University Women. **AAW** anti-air warfare.
**AB** [éibíː] *n.* Ⓤ (ABO식 혈액형의) AB형.
**Ab, Av** [ɑːb, æb, ɑːv], [ɑːv, æv, ɔːv] *n.* 유대력의 제 11 월(현 태양력의 7-8월). 「cle).
**ab** [æb] *n.* 《구어》 복근(腹筋)(abdominal mus-
***ab*** [æb] *prep.* 《L.》 from 의 뜻.
**ab-**[1] [æb, əb] *pref.* '이탈'의 뜻: *ab*normal, *ab*use.
**ab-**[2] [æb] *pref.* (cgs 전자 단위계에서) '절대…' '$10^x$'의 뜻.
**ab-**[3] [æb, əb] *pref.* AD- 의 변형(b의 앞에서).
**AB** air base; airborne. **A.B.** able-bodied (seaman); *Artium Baccalaureus* 《L.》 (=

사전의 A 챕터를 편다.

**19** **abate**

**aban·don**[1] [əbǽndən] *vt.* **1** (사람 · 배 · 나라 · 장소 · 지위 등을) 버리다, 버려 두다; 버리고 떠나다: ~ one's home 생가를 떠나다 / *Abandon* ship! (침몰하고 있는) 배를 떠나라.

SYN. **abandon**은 '책임이 있으므로 하는 수 없이 사람이나 물건을 버림'을 말함. **desert**는 abandon보다 뜻이 강하여, '의무나 맹세를 무시하고서까지 버림'을 말함. **forsake**는 '자신이 사랑하는 사람이나 물건을 버림'을 말함. **quit**는 '그만둠'을 이름: He may *quit* his job. 그는 일을 그만둘지도 모르겠다.

**2** 《~+목/+목+전+명》 (계획 · 습관 등을) 단념하다, 그만두다: ~ all hope 모든 희망을 단념하다 / They ~*ed* the plan *for* another one. 그 계획을 단념하고 다른 것으로 바꾸었다. ★ give up이 ... 제+명》 (나라 · 땅 · 요 ... rrender); 《~ ... 다(*to*): ~ a ... 시를 내어주다 ... 빠지다. **4** 〖법률〗 ..., (처자를) 유기하다; 〖보험〗 위부(委付)하다.
**aban·don**[2] *n.* 《F.》 Ⓤ 방종, 방자. ***with*** (*in*) ~ 멋대로, 마음대로; 닥치는 대로: shout and cheer *in* gay ~ 멋대로 소리치고 환호하다 / The mobs killed *with* ~. 폭도들은 닥치는 대로 살해했다.

알고 있는 단어에
색칠한다.

**zooid** **3230**

**zo·oid** [zóuɔid] ... (상)의; 동물 비슷한. — ... 개충(個蟲); (분열 ...
**zó** ... 사육사) ... 좋아하는 ... (동물원에서의) ...
**zooks** [zu(ː)ks] *int.* 《고어》 제기랄, 쳇.
**zool.** zoological; zoologist; zoology.
**zo·ol·a·try** [zouálətri/-ɔ́l-] *n.* Ⓤ 동물 숭배. ㊕ **-ter** *n.* 동물 숭배자; (특히 애완) 동물 편애자.
**zo·o·lite** [zóuəlàit] *n.* 《드물게》 화석 동물.
**°zo·o·log·i·cal** [zòuəládʒikəl/-lɔ́dʒ-] *a.* 동물학(상)의; 동물에 관한. ㊕ **~·ly** *ad.*
**zoológical gárden** 동물원; (the Z- G-s) 런던 동물원(생략: the Zoo).
**zo·ol·o·gist** [zouálədʒist/-ɔ́l-] *n.* 동물학자.
***zo·ol·o·gy** [zouálədʒi/-ɔ́l-] *n.* Ⓤ 동물학.
**zoom** [zuːm] *vi.* **1** 《+부/+전+명》 붕 소리를 내다, 붕하고 달리다(움직이다): The motorbike ~*ed past* (*off, away*). 그 오토바이는 붕 소리를 내며 지나갔다(가버렸다) / The racing cars ~*ed around* the course. 경주용 자동차들이 붕 소리를 내며 코스를 돌았다. **2** (비행기가) 급상승하다; (물가가) 급등하다. **3** 《+부》 〖사진〗 줌 렌즈로 피사체(被寫體)가 급격히 확대(축소)되다; 〖영화 · TV〗 (카메라가) 피사체에 초점을 맞추고 급격히 접근하다(멀어지다)(*in; out*). **4** 《미속어》 무료로(거저) 손에 넣다. — *vt.* **1** (비행기를) 급

Z 챕터까지 쭉 색칠한다.

는): (미술 · 상징 따위에) 동물의 형상을 사용함.
**zoomy** [zúːmi] *a.* 줌 렌즈에 의한, 줌 렌즈를 사용한.
**zo·on** [zóuɑn/-ɔn] (*pl.* ***zoa*** [zóuə]) *n.* =ZOOID.
**-zo·on** [zóuɑn/-ɔn] '동물 · 생물'의 뜻의 명사를 만드는 결합사: spermatozoon. 「리학.
**zo·on·o·my** [zouánəmi/-ɔ́n-] *n.* Ⓤ 동물 생
**zo·on·o·sis** [zouánəsis/-ɔ́n-] (*pl.* **-ses** [-siːz]) *n.* 〖의학〗 동물원성(原性) 감염증(동물로부터 사람에게 전염되는 질병). ㊕ **zo·o·not·ic** [zòuənátik/-nɔ́t-] *a.*
**zòo·párasite** *n.* **1** 기생(寄生) 동물; 원생 동물. **2** 동물에 기생하는 생물. ㊕ **zòo·parasític** *a.*
**zo·oph·a·gous** [zouáfəgəs/-ɔ́f-] *a.* 〖동물〗 육식하는, 육식 동물의.
**zo·o·ph** ... 하여 꽃가루가 매개되 ...
**zo·o·p** ... 정신의학 ... 을 만족시 ...
**zo·oph·i** ... 애호가.
**zo·oph·i·lous** ... *a.* **1** 〖식물〗 (씨가) 새 · 작은 동물 따위에 의하여 전파되는. ⓒⓕ anemophilous, entomophilous. **2** 동물을 사랑하는.
**zo·oph·i·ly** [zouáfəli/-ɔ́f-] *n.* Ⓤ 동물 애호.
**zo·o·pho·bia** [zòuəfóubiə] *n.* 동물 공포증. ㊕ **zo·oph·o·bous** [zouáfəbəs/-ɔ́f-] *a.*
**zòo·phýsics** *n. pl.* 《단수취급》 동물 구조학.
**zo·o·phyte** [zóuəfàit] *n.* 〖동물〗 식충류(植蟲類)(불가사리 · 산호 · 해면 따위). ㊕ **zo·o·phyt-**

아는 단어의 파생어들도
모두 색칠한다.

# 사전 칠하기 2단계

시작 : 월 일
마침 : 월 일

1. 사전 칠하기 1단계와 다른 색으로 색연필을 선택한다. – 역시 눈에 편한 색 계열로
2. 사전의 A 챕터를 편다.
3. 'a'부터 읽어 나가며 1단계에서 칠하지 않은 단어 중에 중요한 단어에 색칠을 한다. 사전에는 보통 중요한 단어에 별표나 빨간색 표시가 있다.
4. 중요한 단어의 파생어들에도 모두 같은 색을 칠한다.
5. 사전의 Z 챕터까지 색칠을 끝낸다.
6. 사전 칠하기 2단계도 되도록 2주 안에 끝낸다. 1단계와 마찬가지로 그 날의 목표를 정하면 효율적이다.

1단계에서 색칠한 단어들을 한번 읽어 보면서 2단계를 진행하면 더욱 좋다. 하지만 단어를 읽어 보는 데 시간을 너무 뺏기면 안 된다. 단어 하나당 1초 정도 할애해서 한번 훑어보는 정도로만 한다. 무엇보다 중요한 것은 스피드이다.

*apologies*. 《口》 이거 정말 미안하게 됐다 / With *apologies for* troubling you. (폐를 끼쳐) 죄송하지만 잘 부탁드립니다. **2** 변명, 해명, 변호. **3** 《口》 명색뿐인 것, 임시 변통물: a mere ~ *for* an actress 명색만의 여배우. ◇ apologetic *a*. ***in ~ for*** …에 대한 사과로; …을 변명(해명)하여. ***make*** 〔***offer***〕 ***an ~ for*** …을 사과하다.

**ap·o·lune** [ǽpəlùːn] *n*. 원월점(遠月點)《달을 도는 우주선 등이 달에서 가장 먼 점》.

**ap·o·mict** [ǽpəmikt] *n*. 【生】 아포믹트《무배우자(無配偶者) 생식(apomixis)에 의하여 생긴 생물 개체》.

**ap·o·mix·is** [æ̀pəmíksis] (*pl*. ***-mix·es*** [-míksiːz]) *n*. ⓊⒸ 【生】 아포믹시스, 배우자(配偶者)의 결합에 의하지 않는 생식.

**àpo·neurósis** (*pl* … 건막(腱膜). ㊞ **-neur**…

**apoph·a·s**… 【修】 아포…

대해 언급하… 는 어법; 보기: … many crime.》. ㊞ **apo·phat·ic** [æ̀pəfǽtik] *a*.

**ap·o·phthegm** [ǽpəθèm] *n*. =APOTHEGM.

**apoph·yl·lite** [əpáfəlàit, æ̀pəfílait/əpɔ́filàit, æ̀pəfílait] *n*. 어안석(魚眼石).

**apoph·y·sis** [əpáfəsis/əpɔ́-] (*pl*. ***-ses*** [-sìːz]) *n*. 【植】 융기; 【化】 돌기《특히, 척추골의》. ㊞ **apo·phys·i·al** [æ̀pəfíziəl] *a*.

**ap·o·plec·tic** [æ̀pəpléktik] *a*. **1** 중풍의, 졸중성(卒中性)의: an ~ fit 〔stroke〕 졸중의 발작. **2** (화가 나서) 몹시 흥분한《*with*》: be ~ *with* rage 몹시 화를 내고 있다. **—** *n*. 중풍 환자, 졸

**apos·til(le)** [əpástil/əpɔ́s-] *n*. 방주(旁註).

°**apos·tle** [əpásl/əpɔ́sl] *n*. **1** (A-) 사도《예수의 12제자의 한 사람》. **2** (어느 지방의) 최초의 기독교 전도자, 개조(開祖). **3** (주의·정책 따위의) 주창자, 선구자, 개척자: an ~ *of* world peace 세계 평화의 창도자. ***the Apostle of Ireland*** 아일랜드의 전도자(St. Patrick). ***the Apostle of the English*** 잉글랜드의 전도자(St. Augustine).

**Apóstle pìtcher** 사도상(像)이 새겨진 주전자.

**Apóstles' Créed** (the ~) 사도신경(信經).

**apóstle·shìp** *n*. Ⓤ 사도의 신분(지위). 「저.

**Apóstle spòon** 자루 끝에 사도상이 있는 은수

**apos·to·late** [əpástələt, -lèit/əpɔ́s-] *n*. Ⓤ 사도(주창자)의 지위; 로마 교황의 직.

**ap·os·tol·ic, -i·cal** [æ̀pəstálik/-tɔ́l-], [-əl] *a*. 사도(시대)의; (종종 A-) 로마 교황의.

**apostólic délegate** (바티칸과 정식 외교 관계가 없는 나라에 보내는) 교황 사절.

**Apostólic Fáthers** 사도 교부(敎父).

**apostólic sée** 사도가 창설한 관구; (A- S-) 【가톨릭】 사도좌(座).

**apostólic succéssion** 사도 계승《교회의 권위는 사도로부터 사교에 의하여 계승된다는 설》.

°**apos·tro·phe** [əpástrəfi / əpɔ́s-] *n*. **1** 아포스트로피.

> NOTE (1) 생략부호: *can't*, *ne'er*, '66 (sixty-six 라고 읽음). (2) 소유격 부호: *boy's*, *boys'*, *Jesus'*. (3) 복수 부호: 문자나 숫자의 경우, two *M.P.'s*, two *l's*, three *7's*.

**2** 【修】 돈호법(頓呼法) 《시행(詩行)·연설 따위 도중에 그곳에 없는 사람, 의인화한 것, 관념 등을

중요한 단어에 색칠한다.

(銃床)의) 전상(前床). 「분》.

**fóre·fàce** *n*. 앞면《네발짐승의 눈 아래〔앞〕 부

*°**fore·fa·ther** [fɔ́ːrfàːðər] *n*. (보통 *pl*.) 조상, 선조(ancestor).

**Fórefathers' Dày** 《미》 (1620년의) Pilgrim Fathers의 미국 상륙 기념일《본디 12월 21일, 지금은 22일》.

**fore·feel** [fɔːrfíːl] (*p*., *pp*. ***-felt*** [-félt]) *vt*. 예감〔예지〕하다. **—** [ˊˋ] *n*. 예감, 예지.

**fore·fend** [fɔːrfénd] *vt*. =FORFEND. 「ger〕.

°**fóre·fìnger** *n*. 집게손가락(first 〔index〕 fin-

**fóre·fòot** (*pl*. ***-fèet***) *n*. (짐승·곤충의) 앞다리; 【선박】 용골의 전단부.

**fóre·frònt** *n*. (the ~) 최선부, 최전선; (흥미·여론·활동 따위의) 중심; 가장 중요한 위치〔지위〕: the ~ of technological development 기술 개발의 최선단(最先端). ***in the ~ of ...*** (전투 등)의 최전방에서; …의 선두가〔중심이〕 되어.

**fore·gáther** *vi*. =FORGATHER.

**fóre·gìft** *n*. 【영법률】 (임대차 계약의) 권리금, 보증금, 증거금(premium), 선도금.

**fore·go**[1] [fɔːrgóu] (***-went; -gone***) *vt*., *vi*. 앞에 가다, 선행하다, 앞서다(go before).

°**fore·go**[2] *vt*. =FORGO.

**fore·gó·er** *n*. 선인, 선배, …

°**fore·go·ing** [fɔːrgóuiŋ] … (preceding), 먼저의, 전술… ples 전술한 여러 보기로 … 전기〔상술〕한 것.

°**fore·góne** FOREGO[1,2]의 … 기왕의; 이미 아는; 기정의, 과거의. ㊞ **~·ness** *n*.

**foregóne conclúsion** **1** 처음부터 뻔한 결

1097 **forelock**

〔a ~ substance〕 in the eye 눈에 들어간 이물(異物). **6** 낯선, 눈에 익지 않은; 기묘한. ***go ~*** 【해사】 외국 배를 타다. ***sell ~*** 【해사】 (배를) 외국 회사에 팔다. ㊞ **~·ness** *n*. 외국풍; 외래성.

**fóreign affáirs** 외교 문제, 외무, 국제 관계.

**fóreign áid** (패전국·발전도상국 등에의) 대외 원조.

**Fóreign and Cómmonwealth Òffice** (the ~) 《영》 외무 연방부《영국의 대외 관계 부처의 통합 재편성으로 1968년 Foreign Office와 Commonwealth Office가 합친 것》.

**fóreign bíll (of exchánge)** 외국환 어음.

**fóreign bódy** 【의학】 (체내에 들어간) 이물(異物); 어떤 것 속에 들어간 바람직하지 않은 것.

**fóreign·bórn** *a*. 외국 태생의.

**fóreign correspóndent** (신문·잡지의) 해외〔외국〕 특파원, 외국 통신원.

**fóreign dráft** =FOREIGN BILL.

:**for·eign·er** [fɔ́(ː)rinər, fár-] *n*. **1** 외국인(alien), 외인. **2** 타관 사람. **3** 외국 제품, 외래품; 외래 동식물. **4** 외국선.

**fóreign exchánge** 외국환; 외화(外貨); 외국 …래, 국제 신용 거래.

[illegible] **flàg** *a*. (비행기·선박이) 외국 국적의.

…**gòing** *a*. 외국행의, 외항(선)의.

…**sm** *n*. Ⓤ 외국풍 (모방); Ⓒ 외국어 습…

…**eign légion** 외인 부대; (F- L-) (북아프리카의 프랑스군의) 외인 부대.

**Fóreign Mínister** (영미 이외의) 외무 장관,

중요한 단어의 파생어들도
모두 색칠한다.

# 사전 단어장

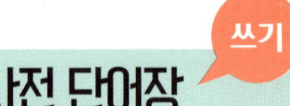

시작 : 월 일
마침 : 월 일

1. 줄 노트를 준비한다.

2. 사전에 색칠한 단어들을 한 줄에 하나씩 쓴다. 한글 뜻은 쓰지 않는다. 영어만 쓴다.

3. 1~2주 안에 사전에 A부터 Z 챕터까지 색칠한 단어를 모두 쓴다.

4. 노트의 맨 처음 단어에서부터 옆에 4번을 더 쓴다. 도합 5번을 쓰는 것. 이때도 역시 한글 뜻은 쓰지 않는다.

5. 4번을 더 쓰는 과정은 3주 안으로 끝낸다.

사전을 칠하고 베낄 때는 외운다는 부담 없이 해야 한다. 단어가 하나도 기억에 남지 않아도 괜찮다. 지금은 그냥 익숙해지기만 하는 단계이다. 지금 준비하는 단어들은 책을 읽기 시작하면 완전한 내 것이 된다.

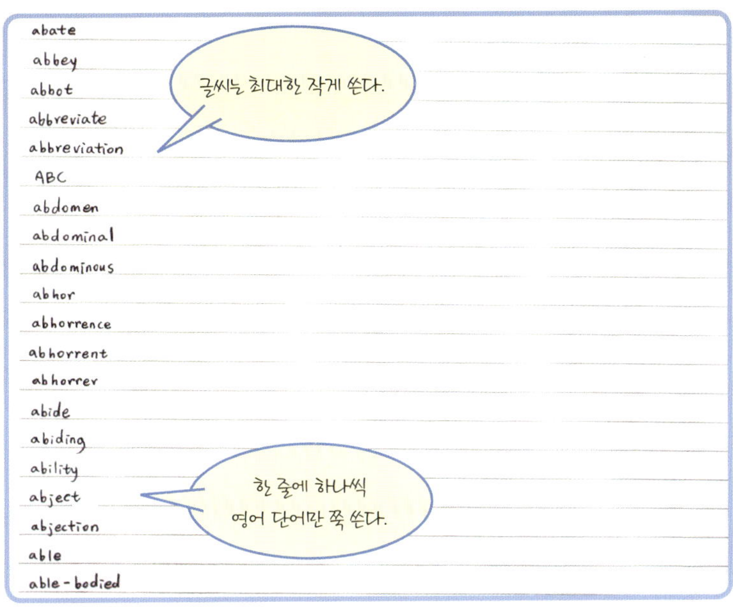


zone defense zone defense zone defense zone defense zone defense
zone melting zone melting zone melting zone melting zone melting
zone time zone time zone time zone time zone time
zoning zoning zoning zoning zonin
zoo zoo zoo zoo zoo
zooblast zooblast zooblast zooblast
zoochemistry zoochemistry zoochemistry zoochemistry zoochemistry
zoodynamics zoodynamics zoodynamics zoodynamics zoodynamics
zoogamy zoogamy zoogamy zoogamy zoogamy
zoogeny zoogeny zoogeny zoogeny zoogeny
zoogeography zoogeography zoogeography zoogeography zoogeography
zoogeology zoogeology zoogeology zoogeology zoogeology
zoografting zoografting zoografting zoografting zoografting
zoography zoography zoography zoography zoography
zookeeper zookeeper zookeeper zookeeper zookeeper
zoolatry zoolatry zoolatry zoolatry zoolatry
zoological zoological zoological zoological zoological

옆에 영어 단어만 4번 더 쓴다.

# 〈사전 **칠하기** 진도표〉

사전 아는 단어 칠하기 **1단계**

| 경과일 | 날짜 | 이 단어까지 |
|---|---|---|
| 1일 | | |
| 2일 | | |
| 3일 | | |
| 4일 | | |
| 5일 | | |
| 6일 | | |
| 7일 | | |
| 8일 | | |
| 9일 | | |
| 10일 | | |
| 11일 | | |
| 12일 | | |
| 13일 | | |
| 14일 | | |

사전 중요 단어 칠하기 **2단계**

| 경과일 | 날짜 | 이 단어까지 |
|---|---|---|
| 1일 | | |
| 2일 | | |
| 3일 | | |
| 4일 | | |
| 5일 | | |
| 6일 | | |
| 7일 | | |
| 8일 | | |
| 9일 | | |
| 10일 | | |
| 11일 | | |
| 12일 | | |
| 13일 | | |
| 14일 | | |

## 〈사전 **단어장 쓰기** 진도표〉

**사전 단어 1번 쓰기**

| 경과일 | 날짜 | 이 단어까지 |
|---|---|---|
| 1일 | | |
| 2일 | | |
| 3일 | | |
| 4일 | | |
| 5일 | | |
| 6일 | | |
| 7일 | | |
| 8일 | | |
| 9일 | | |
| 10일 | | |
| 11일 | | |
| 12일 | | |
| 13일 | | |
| 14일 | | |

**사전 단어 4번 쓰기**

| 경과일 | 날짜 | 이 단어까지 |
|---|---|---|
| 1일 | | |
| 2일 | | |
| 3일 | | |
| 4일 | | |
| 5일 | | |
| 6일 | | |
| 7일 | | |
| 8일 | | |
| 9일 | | |
| 10일 | | |
| 11일 | | |
| 12일 | | |
| 13일 | | |
| 14일 | | |
| 15일 | | |
| 16일 | | |
| 17일 | | |
| 18일 | | |
| 19일 | | |
| 20일 | | |

# 전치사

**A** aboard, about, above, across, after, against, along, amid, among, anti, around, as, at

**B** before, behind, below, beneath, beside, besides, between, beyond, by

**D** despite, down, during

**E** except

**F** for, from

**I** in, inside, into

**L** like

**N** near

**O** of. off, on, onto, outside, over

**P** past, per

**R** regarding, round

**S** since

**T** than, through, to, toward, towards

**U** under, underneath, unlike, until, up, upon

**V** versus, via

**W** with, within, without

---

* 단어 전체를 20번씩 쓴다. 뜻은 쓰지 않는다.

## 전치사의 뜻

**A** **aboard** (배, 기차, 비행기 등)에 탄 **about** ~에 대한 **above** ~보다 위에 **across** 가로질러 **after** (움직이는 것) 뒤에 **against** ~에 반대하여(맞서) **along** ~을 따라 **amid** ~으로 에워싸인 **among** ~의 가운데에 **anti** ~에 반대하여 **around** 둘레에, 돌아, 맞춰 **as** ~처럼, ~로서 **at** (시간, 장소)~에서, ~로

**B** **before** ~보다 앞에 **behind** (위치가) ~보다 뒤에 **below** (위치가) ~보다 아래에 **beneath** (접하여) 아래에 **beside** 옆에, ~에 비해 **besides** ~외에 **between** (위치, 시간, 양) 중간에 **beyond** ~너머 **by** ~옆에서, ~에 의하여

**D** **despite** ~에도 불구하고 **down** (높은 쪽에서) 아래로 **during** ~하는 중에

**E** **except** ~외에는

**F** **for** ~를 위해, ~동안 **from** ~부터, ~에서

**I** **in** ~안에 **inside** ~의 내부에서 **into** ~안으로

**L** **like** ~와 비슷한, ~처럼

**N** **near** ~에 가까이

**O** **of** ~의 **off** ~에서 떨어져서 **on** (~의 표면)위에 **onto** ~(위)로, ~쪽으로 **outside** ~ 밖에 **over** ~의 위를 넘어서

**P** **past** 지나서 **per** 각 ~에 대하여

**R** **regarding** ~에 관하여 **round** ~을 돌아

**S** **since** ~부터

**T** **than** ~보다 **through** ~을 관통하여 **to** ~로, ~쪽으로 **toward** ~을 향하여 **towards** ~을 향하여(영국에서 주로 쓰임)

**U** **under** ~아래에 **underneath** (덮여서) ~아래에 **unlike** ~와 다른 **until** ~할 때까지 **up** 위쪽으로 **upon** (= **on**, 격식적) 위쪽으로

**V** **versus** ~에 대하여 **via** ~경유로

**W** **with** ~와 함께 **within** ~이내에 **without** ~없이

연습

전치사구 빼기

시작 : 월 일
마침 : 월 일

기초문법 1
전치사구

1 미국 신문을 구한다.

2 신문에 있는 전치사를 몽땅 찾아 동그라미를 그려 표시하고 따르는 명사(단어, 구)에는 줄을 긋는다.

3 신문 한 부의 모든 면에서 전치사구를 다 찾아서 동그라미와 밑줄로 표시한다.

# MAJOR BILATERAL TRADE AND INVESTMENT OPPORTUNITIES UNDERSCORE IMPORTANCE OF INDIA-CHINA COOPERATION

**By KRISHNA KUMAR VR**

"When China and India meet, the whole world watches."

President Xi Jinping made this statement after meeting with Prime Minister Narendra Modi on the sidelines of the BRICS (Brazil, Russia, India, China, South Africa) summit in Brazil in July this year.

Next week the whole world will watch again when Modi officially receives Xi during his maiden visit to India as head of state, underscoring the importance of the bilateral relationship in the context of emerging Asia.

"President Xi Jinping as a paramount leader of China fully understands the importance of India as a neighbor, trade partner and a possible competitor," Rajagopal Dhar Chakraborti, department head of South and Southeast Asian Studies at the University of Calcutta, tells *China Daily Asia Weekly*.

China and India have made a particular effort to reach out to each other since Modi came to

The two sides signed a memorandum of understanding on industrial parks for providing an enabling framework for Chinese companies to invest in industrial zones.

Under ... the Asian ... to ... benefi...

전치사를 몽땅 찾아
동그라미를 그려 표시

The pact also ensures an Industrial Park Cooperation Working Group made up of an equal number of representatives from both countries to identify and agree upon the detailed modalities for implementing cooperation under the agreement.

**Industrial parks**

According to vari... during Xi's visit, an... worth $5 billion will b... setting up four industria... in various parts of the country, including one for the manufacture

전치사를 따르는
명사에 줄 칠 것

India," says Sidharth Birla, president of the Federation of Indian Chambers of Commerce and Industry.

"We need to improve the quality of our trade, address the issue of trade imbalance and enhance market access on either side," he adds.

Over the past five years, India's imports from China have shot up more than 60 percent, and the two countries are on course to achieve the bilateral trade target of $100 billion by 2015.

"China's two-way trade with India has far exceeded India's with both Japan and the US, and India's economy is more complementary with China than with either the US or Japan," says John Wong, a professor at the East Asian Institute, National University of

...ding to the General ...tion of Customs ...eral trade between ...India was marked at ...5.47 billion. The administration's latest figures show that the

## 전치사 이해하기

• 영어는 '전치사의 언어'예요. 그만큼 전치사의 비중이 커요. 전치사 다음에는 반드시 명사가 와야 한다는 원칙이 있어요. 그렇게 전치사에 명사가 묶여 있으면 전치사구라고 해요. 전치사 뒤에 명사는 하나만 올 수도 있고 여러 개가 올 수도 있어요.

**전치사 + 명사 = 전치사구**

• 전치사구는 이리저리 문법을 따져 볼 필요가 없어요. 단어의 뜻을 알기만 하면 저절로 해석이 돼요. 따라서 이 전치사구를 구분해서 빼놓고 다른 부분에만 신경을 쓰면 영어 해석이 가벼워져요.

• 만일 미국 신문을 구하는 일이 힘들다면 집에 있는 아무 영어책이나 들고 전치사구를 표시하세요. 딱히 신문이 아니라도 상관없어요. 다만 미국 신문 한 부 정도의 분량이 적당한 양이에요. 해석에는 신경 쓰지 말고 오직 전치사구만 찾으세요.

• 신문 한 부 분량의 전치사구를 모두 찾아내고 나면 이제 영어가 전치사구와 그 나머지들로 보이게 될 거예요. 그럼 영어 문장의 반 이상이 해결된 것이나 다름이 없어요. 전치사구를 골라내는 연습을 해 두면 해석 능력이 순식간에 향상되는 것은 물론이고 문장을 읽는 속도도 말할 수 없이 빨라져요.

# 시제 공식

쓰기 30번

시작 : 월 일
마침 : 월 일



| | |
|---|---|
| 단순과거 | You **spoke** English. |
| 과거진행 | You **were speaking** English. |
| 과거완료 | You **had spoken** English. |
| 과거완료진행 | You **had been speaking** English. |

| | |
|---|---|
| 단순현재 | You **speak** English. |
| 현재진행 | You **are speaking** English. |
| 현재완료 | You **have spoken** English. |
| 현재완료진행 | You **have been speaking** English. |

| | |
|---|---|
| 단순미래 | You **will speak** English. |
| 미래진행 | You **will be speaking** English. |
| 미래완료 | You **will have spoken** English. |
| 미래완료진행 | You **will have been speaking** English. |

* 노트에 한국어 개념을 그대로 옮겨 적고 색 글자에는 밑줄을 그어 표시할 것. 통째로 30번 반복해서 쓴다.

# 시제 공식(수동 포함)

쓰기 50번

시작 : 월 일
마침 : 월 일

| | |
|---|---|
| 단순과거 | You spoke English. |
| 수동 | English was spoken by you. |
| 과거진행 | You were speaking English. |
| 수동 | English was being spoken by you. |
| 과거완료 | You had spoken English. |
| 수동 | English had been spoken by you. |
| 과거완료진행 | You had been speaking English. |
| 수동 | English had been being spoken by you. |

| | |
|---|---|
| 단순현재 | You speak English. |
| 수동 | English is spoken by you. |
| 현재진행 | You are speaking English. |
| 수동 | English is being spoken by you. |
| 현재완료 | You have spoken English. |
| 수동 | English has been spoken by you. |
| 현재완료진행 | You have been speaking English. |
| 수동 | English has been being spoken by you. |

| | |
|---|---|
| 단순미래 | You will speak English. |
| 수동 | English will be spoken by you. |
| 미래진행 | You will be speaking English. |
| 수동 | English will be being spoken by you. |
| 미래완료 | You will have spoken English. |
| 수동 | English will have been spoken by you. |
| 미래완료진행 | You will have been speaking English. |
| 수동 | English will have been being spoken by you. |

## 시제 공식 이해하기



- 영어 해석을 가볍게 해 주는 삼총사가 있어요. 바로 **전치사구, 부사, 시제**예요. 전치사구만 해결해도 영어 해석이 한결 가벼워진다는 건 이미 알고 있죠? 부사도 딱히 해석을 위한 기술이 필요하진 않아요. 단어의 뜻만 알고 있으면 바로 해석이 돼요. 하지만 시제는 기술이 필요해요. 시제는 영어 문법의 골칫거리인 동사를 이해하는 첫걸음이에요.

- 영어는 주어 하나와 동사 하나를 꼬박꼬박 챙겨서 문장을 만드는 언어로 우리말처럼 주어를 생략하는 일은 원칙적으로 없어요. 문장 하나에는 주어와 동사가 반드시 있지요. 그런데 동사는 혼자 있지 않고 be동사, will, have 등과 함께 무리를 이루는 경우가 많아요. 때문에 해석이 복잡해지죠. 주어 다음에 오는 동사들은 사실 **시제**라고 부르는 편이 더 좋아요.

- **시제 공식 〈You speak English〉**를 여러 번 쓴 사람들은 시제의 구조를 파악할 수 있을 거예요. 사실 30번, 50번까지 다 쓰기도 전에 다 외웠을 수도 있어요. 하지만 그렇다고 중단하진 마세요. 특히 시제 공식을 30번 썼으니 수동 포함 시제 공식은 20번만 써도 되겠지, 하지 마세요. 50번을 다 채워야 해요. 양을 채워야 온전한 내 것이 돼요.

# 시제 개념

시작 : 월 일
마침 : 월 일

| | | |
|---|---|---|
| 과거 | 지나간 시간 | 동사의 과거형 |
| 현재 | 지금 | 동사의 현재형 |
| 미래 | 오지 않은 시간, 혹은 올 시간 | will + 동사원형 |

| | | |
|---|---|---|
| 단순 | 했다, 한다, 할 것이다 | |
| 진행 | ~중이다 | be동사 + ~ing |
| 완료 | 이전 사건이 영향을 미침 | have + 과거분사(p.p) |
| 완료진행 | 이전 사건이 계속 진행 | have + been + ~ing |

| | | |
|---|---|---|
| 능동 | 한다 | |
| 수동 | ~해진다, ~당하다 | be동사 + 과거분사(p.p) |

* 이미 다 아는 개념이라고 생각하고 그냥 넘어가지 않는다. 다 알아서 쉬운 문법의 개념도 이렇게 쓰면서 되짚는 시간을 가지면 더 견고해진다.
* 시제는 과거, 현재, 미래 세 가지가 단순, 진행, 완료, 완료진행 네 가지를 각각 만나는 것이다. 여기에 수동도 꼭 포함시켜 생각해야 한다.

# 시제 공식(수동 포함)

시작 : 월 일
마침 : 월 일

단순과거 You **wrote** a letter.
수동 A letter **was written** by you.
과거진행 You **were writing** a letter.
수동 A letter **was being written** by you.
과거완료 You **had written** a letter.
수동 A letter **had been written** by you.
과거완료진행 You **had been writing** a letter.
수동 A letter **had been being written** by you.

단순현재 You **write** a letter.
수동 A letter **is written** by you.
현재진행 You **are writing** a letter.
수동 A letter **is being written** by you.
현재완료 You **have written** a letter.
수동 A letter **has been written** by you.
현재완료진행 You **have been writing** a letter.
수동 A letter **has been being written** by you.

단순미래 You **will write** a letter.
수동 A letter **will be written** by you.
미래진행 You **will be writing** a letter.
수동 A letter **will be being written** by you.
미래완료 You **will have written** a letter.
수동 A letter **will have been written** by you.
미래완료진행 You **will have been writing** a letter.
수동 A letter **will have been being written** by you.

# 시제 공식(3인칭 단수, 수동 포함)

시작 : 월 일
마침 : 월 일

| | |
|---|---|
| 단순과거 | He spoke English. |
| 수동 | English was spoken by him. |
| 과거진행 | He was speaking English. |
| 수동 | English was being spoken by him. |
| 과거완료 | He had spoken English. |
| 수동 | English had been spoken by him. |
| 과거완료진행 | He had been speaking English. |
| 수동 | English had been being spoken by him. |

| | |
|---|---|
| 단순현재 | He speaks English. |
| 수동 | English is spoken by him. |
| 현재진행 | He is speaking English. |
| 수동 | English is being spoken by him. |
| 현재완료 | He has spoken English. |
| 수동 | English has been spoken by him. |
| 현재완료진행 | He has been speaking English. |
| 수동 | English has been being spoken by him. |

| | |
|---|---|
| 단순미래 | He will speak English. |
| 수동 | English will be spoken by him. |
| 미래진행 | He will be speaking English. |
| 수동 | English will be being spoken by him. |
| 미래완료 | He will have spoken English. |
| 수동 | English will have been spoken by him. |
| 미래완료진행 | He will have been speaking English. |
| 수동 | English will have been being spoken by him. |

# 단순현재와 현재진행 I

시작 : 월 일
마침 : 월 일



단순현재 과거, 현재, 미래를 아우름

현재진행 현재 진행되는 일

1. **What do you do?**
   **I am a teacher.**
2. **What are you doing?**
   **I am eating.**

1. **I drink coffee.**
2. **I'm drinking coffee.**

1. **The sun rises in the east.**
2. **The sun is rising.**

## 단순현재와 현재진행 이해하기

"뭐 하세요?"라는 질문을 받으면 한국어로는 "밥 먹어요", 혹은 "선생님이에요"라는 두 가지 답이 모두 가능하지만 영어의 시제에서는 단순현재와 현재진행이 무 자르듯 딱 구별돼요.

1. **What do you do?** 뭐 하세요? (단순현재)
   **I am a teacher.** 저는 선생님입니다.
2. **What are you doing?** 뭐 하고 있는 중이세요? (현재진행)
   **I am eating.** 저는 먹고 있어요.

영어의 시제에서는 단순현재를 쓰느냐 현재진행을 쓰느냐에 따라 의미가 분명하게 달라져요.

1. **I drink coffee.** 나는 원래 커피를 마시는 사람이다. (단순현재)

   나는 커피를 과거에도 마셨고 지금도 마시며 앞으로도 마실 것이다.

2. **I'm drinking coffee.** 나는 지금 커피를 마시는 중이다. (현재진행)

   지금 커피를 마시고 있다는 진행의 의미

1. **The sun rises in the east.** 해는 동쪽에서 떠오른다. (단순현재)

   해는 과거에도 현재에도, 미래에도 동쪽에서 뜬다.

2. **The sun is rising.** 해가 떠오른다. (현재진행)

   지금 해가 떠오르고 있다는 진행의 의미

단순현재는 현재를 비롯해 과거, 미래까지 아우르는 역할을 하고 현재진행은 말 그대로 현재 진행되고 있는 것만 나타내지요. 단순현재와 현재진행의 구별은 얼핏 쉬워 보이지만 실제 회화에서 많은 사람들이 헷갈려하니 유의하세요.

# 단순현재와 현재진행 II

시작 : 월 일
마침 : 월 일



예외 1)

1. I need a book.
2. I believe you.
3. I like you.

예외 2)

1. She is nice.
2. She is being nice.

1. I am smart.
2. I am being smart.

## 단순현재와 현재진행의 예외

### 예외 1)

'마음속에서 일어나는 일은 지금 일어나고 있어도 진행형을 쓰지 않고 단순시제를 쓴다'라는 원칙이 있어요.

1. **I need a book.** 나는 책이 필요해.
2. **I believe you.** 나는 너를 믿어.
3. **I like you.** 나는 너를 좋아해.

단 일상 회화에서는 "I'm loving you"와 같이 문법적으로 틀린 표현도 쓰이는 경우가 있어요.

### 예외 2)

be동사의 경우, 마음속에서 일어나는 일인데도 진행형을 쓸 때가 있어요. 예외 1)의 예외라고 할 수 있죠. 평소에 안 그러던 사람이 그런 행동을 할 때나, 그냥 강조의 의미일 때 써요.

1. **She is nice.** 그녀는 원래 친절하다. (단순현재)
2. **She is being nice.** 그녀는 지금만은 친절하다. (강조의 의미)

1. **I am smart.** 나는 똑똑하다. (단순현재)
2. **I am being smart** 나는 지금만은 똑똑하다. (강조의 의미)

# 현재완료 용법

현재완료의 뜻 (과거+현재)

1. 과거로부터 쭉 지금까지
2. 과거에 일어난 일이 현재에까지 영향을 미칠 때
3. 현재와 가까운 과거
4. 과거의 경험

1. **I have lived in America for 10 years.**
2. **I have lost my passport.**
3. **She has just left.**
4. **I have tried Galbi.**

1. **I have taught English for 10 years.**
2. **I have cleaned my room.**
3. **I have just finished my homework.**
4. **I have been to Paris.**

## 현재완료 이해하기

현재완료는 **have + p.p.**라는 형태를 가지고 있고 아래의 4가지 해석이 가능해요. 현재완료가 나오면 아래 4가지 해석 중 하나를 선택하면 돼요.

1. **I have lived in America for 10 years.** 나는 미국에 10년 동안 살았다.
   **I have taught English for 10 years.** 나는 10년 동안 영어를 가르쳤다.

   몇 년 동안 무얼 해 왔다고 말하고 싶을 때, 즉 **과거로부터 현재까지 이어진 것**을 표현할 때 현재완료를 쓰지요.

2. **I have lost my passport.** 나는 여권을 잃어버렸다.(그래서 지금 여권이 없다)
   **I have cleaned my room.** 나는 방을 청소했다.(그래서 지금 방이 깨끗하다)

   과거시제를 쓰면 지금 여권이 있는지 없는지, 지금은 방이 깨끗한지 더러운지 알 수 없어요. 이처럼 **과거 일이 현재에까지 영향을 미칠 때** 현재완료를 써요.

3. **She has just left.** 그녀는 방금 떠났다.
   **I have just finished my homework.** 나는 지금 막 숙제를 마쳤다.

   '방금 전'은 과거라고 부르기엔 너무 아까워서 **현재와 가까운 과거**는 현재완료로 표현해요. 미국인들이 애용하는 표현이죠. just를 넣어 주면 금상첨화!

4. **I have tried Galbi.** 나는 갈비를 먹어 본 적 있다.
   **I have been to Paris.** 나는 파리에 가 본 적 있다.

   미국인 Tom에겐 한국 음식 갈비를 먹은 일은 기억에 남는 경험이 될 수 있어요. 한국인인 내가 파리에 가 본 일도 경험이죠. **과거의 경험을 얘기할 때** 현재완료를 써요.

# 미래시제 shall

시작 : 월 일
마침 : 월 일

shall의 뜻

1. 상대방의 의향
2. 말하는 사람의 의지

1. **Shall I buy this?**
   **Shall we dance?**
2. **You shall pay it.**

1. **Shall I open the window?**
   **Shall we go?**
2. **You shall go to the party.**

## 미래시제 shall 이해하기

오래전에는 **will**뿐만 아니라 **shall**도 미래시제에 깊이 관여했어요. 하지만 이제는 **shall**은 미래에 거의 관여하지 않아요. 다만 어떻게 쓰이는지 알아 둘 필요는 있어요.

1. **Shall I buy this?** 나 이거 살까?
   **Shall we dance?** 우리 춤출까요?
   **Shall I open the window?** 내가 문을 열어도 될까?
   **Shall we go?** 우리 갈까?

내가 하고자 하는 일에 **상대방의 의향을 물을 때** 쓸 수 있어요.

2. **You shall pay it.** 너는 지불하게 될 거야.
   **You shall go to the party.** 너는 파티에 가게 될 거야.

"You shall pay it"은 네가 지불을 하긴 할 건데 그건 내가 시키는 일이라는 뜻이에요. 강제성이 요구되는 계약서에 주로 나오는 표현이에요. "You shall go to the party"도 내가 너를 파티에 보내 준다는 뜻이에요. 이처럼 **남이 하는 일에 나의 의지가 개입할 때**도 shall을 써요.

# 미래시제

시작 : 월 일
마침 : 월 일

① **will**은 지금 막 결정한 미래의 일 – 일반적 미래

**I'll call her.**

**I'll take a taxi.**

② **be going to**는 미리 결정된 미래의 일 – 확실한 미래

**I'm going to wash my car.**

**I'm going to visit a customer.**

③ 현재진행은 때를 명확하게 나타내는 부사와 함께, 미리 계획된 미래를 나타내기도 한다.

**She is working tomorrow.**

**I'm going out this evening.**

**He is playing football on Friday.**

**be about to**와 **be supposed to**도 미래를 나타내는 데 쓰인다.

| | |
|---|---|
| **be about to** | 막 ~ 하려고 하다(조금 뒤에 일어날 일) |
| **be supposed to** | ~하기로 되어 있다(예정된 일) |

## 미래시제 이해하기

현대영어에서는 주로 **will**과 **be going to**가 미래를 담당해요. 요즘은 구분 없이 쓰지만 미묘한 차이는 있지요. 차이를 알아 둔다면 보다 정확하게 영어를 사용할 수 있어요.

1. **I'll call her.** 나는 그녀에게 전화할 거야.
   **I'll take a taxi.** 나는 택시를 탈 거야.

**말하는 순간에 미래의 일을 결정했을 때** will을 써요. 모임에서 친구가 오지 않아서 전화하겠다고 말하는 상황이면 will을 써야 하고 아무리 기다려도 버스가 오지 않아 택시를 타기로 했을 때도 will을 써요. 지금 막 결정했으니까요.

2. **I'm going to wash my car.** 나는 세차할 거야.
   **I'm going to visit a customer.** 나는 고객을 방문할 거야.

be going to는 **이미 결정한 미래**에 써요. 물동이를 들고 가면서 "세차할 거야"라고 한다면 이미 세차하기로 결정한 상황이에요. 고객과 만나는 것도 이미 결정된 계획이지요.

현재진행도 미래로 쓰일 때가 있어요. **때를 명확하게 나타내는 부사**와 함께 미래의 확실한 계획을 나타내요.

3. **She is working tomorrow.** 그녀는 내일 일할 것이다.
   **I'm going out this evening.** 나는 오늘 저녁 외출할 거야.
   **He is playing football on Friday.** 그는 금요일에 축구할 거야.

위의 문장들에는 tomorrow, this evening, Friday라는 명확한 시제 표현 부사가 있어요.

# 시제 이름 정하기

시작 : 월 일
마침 : 월 일



1. 문장에서 시제(동사 무리)를 찾는다.
2. 시제의 맨 앞은 과거, 현재, 미래를 결정한다.
3. 시제의 맨 뒤에는 뜻이 있다.
4. 시제의 동사를 두 개씩 묶어서 진행, 완료, 수동을 결정한다.

* '**You were speaking English**'에서 시제는 **were speaking**이다.
맨 앞에 있는 **were**로 과거를 결정하고, 뒤에 **speaking**은 뜻을 담당한다.
둘을 묶어 주면 **be ~ing**의 형태가 되므로 진행. 고로 이 문장의 시제는 과거진행.

* '**English has been being spoken by you**'에서 시제는 **has been being spoken**이다.
맨 앞에 있는 **has**로 현재를 결정한다. 맨 뒤에는 뜻인 **spoken**이 있다.
앞에서부터 둘씩 묶으면 **has been**, **been being**, **being spoken**
각각 이름을 붙여 보면 **has been**–완료, **been being**–진행, **being spoken**–수동
이 문장의 복잡한 시제 이름은 현재완료진행 수동.

# 시제 이름 정하기

시작 : 월 일
마침 : 월 일

1. 앞에서(16p) 전치사구에 줄을 그어 놓은 신문이나 책을 펼친다.
2. 모든 문장에서 시제를 찾아 형광펜으로 줄을 긋는다.
3. 마음속으로 꼭 시제의 이름을 부르며 그어야 한다.

## Fed tool alters money funds' links with banks

TRACY ALLOWAY AND MICHAEL MACKENZIE
– NEW YORK

**The Federal Reserve's testing of a new liquidity tool has altered a longstanding financing relationship between money market funds and banks.**

Money market funds appear to [illegible] eschewing certain transactions [illegible] European banks in favour of the r[illegible] repo programme tool created by th[illegible] central bank last September to he[illegible] it wind down its emergency econ[illegible]ic policies.

The Fed has been regularly testing the RRP with several money market funds, ahead of eventually tightening monetary policy. Under an RRP, the central bank lends bonds from its vast portfolio of assets to large investors. These types of deals are expected to help the Fed better control short-term interest rates when it begins draining money from the financial system.

But the growing role of the Fed in the repo market has generated controversy, with some market participants worried that the [illegible] bank is absorbing repo [illegible] the growing [illegible] in peri- [illegible]ually [illegible] in large [illegible]gan Chase [illegible]ding them cash with their assets pledged as collateral. The transactions are an often-ignored but crucial segment of the financial system that help lubricate other markets.

Use of the RRP by government and prime money funds has risen sharply to a peak of $275bn at the end of the second quarter, up from $45bn in late September last year, according to Fitch data.

The funds appear to be switching out of repo transactions and certain deposits held at European banks in favour of the new Fed facility – especially around the end-of-quarter period, Fitch said.

"It may just be that the money market funds are reallocating at quarter end because the European banks are looking at their leverage ratios then," said Robert Grossman, managing director of macro credit research at Fitch.

US banks have also been debating whether the Fed's new tool could exacerbate deposit outflows expected to occur when the central bank begins winding down its extraordinary economic policies.

JPMorgan Chase, the biggest US bank by deposits, has estimated that money funds may withdraw $100bn in deposits in the second half of next year as they switch to the RRP.

형광펜으로 줄을 긋고
시제의 이름을 불러 준다.
– 현재완료진행

# 시제 공식(조동사 포함)

시작 : 월 일
마침 : 월 일



## 과거

| | |
|---|---|
| 단순과거 | You spoke English. |
| 조동사 | You could speak English. |
| 수동 | English was spoken by you. |
| 조동사 | English could be spoken by you. |
| 과거진행 | You were speaking English. |
| 조동사 | You could be speaking English. |
| 수동 | English was being spoken by you. |
| 조동사 | English could be being spoken by you. |
| 과거완료 | You had spoken English. |
| 조동사 | You could have spoken English. |
| 수동 | English had been spoken by you. |
| 조동사 | English could have been spoken by you. |
| 과거완료진행 | You had been speaking English. |
| 조동사 | You could have been speaking English. |
| 수동 | English had been being spoken by you. |
| 조동사 | English could have been being spoken by you. |

## 현재

| | |
|---|---|
| 단순현재 | You speak English. |
| 조동사 | You can speak English. |
| 수동 | English is spoken by you. |
| 조동사 | English can be spoken by you. |

| | |
|---|---|
| 현재진행 | You are speaking English. |
| 조동사 | You can be speaking English. |
| 수동 | English is being spoken by you. |
| 조동사 | English can be being spoken by you. |
| 현재완료 | You have spoken English. |
| 조동사 | You can have spoken English. |
| 수동 | English has been spoken by you. |
| 조동사 | English can have been spoken by you. |
| 현재완료진행 | You have been speaking English. |
| 조동사 | You can have been speaking English. |
| 수동 | English has been being spoken by you. |
| 조동사 | English can have been being spoken by you. |

## 미래

| | |
|---|---|
| 단순미래 | You will speak English. |
| 수동 | English will be spoken by you. |
| 미래진행 | You will be speaking English. |
| 수동 | English will be being spoken by you. |
| 미래완료 | You will have spoken English. |
| 수동 | English will have been spoken by you. |
| 미래완료진행 | You will have been speaking English. |
| 수동 | English will have been being spoken by you. |

* '조동사 + 조동사'는 성립하지 않아서 will + can은 쓸 수 없다.

# 조동사의 종류

시작 : 월 일
마침 : 월 일



조동사의 종류

| 현재 | 과거 |
|---|---|
| **will** | **would** |
| **shall** | **should** |
| **may** | **might** |
| **can** | **could** |
| **must** | **(had to)** |

**may와 might**

1. **It may be true.**
2. **It might be true.**

1. **She may go to France.**
2. **She might go to France.**

## 조동사 이해하기

• 조동사는 동사를 돕는 동사라는 뜻이에요. 그래서 항상 동사 앞에 나와요. 동사의 기본 뜻에 좀 더 특별한 의미를 더해 주지요.

| | | |
|---|---|---|
| **will, shall** | ~할 것이다 | 미래의 의미 |
| **can, may** | ~할 수 있다 | 가능성, 추측의 의미 |
| **must** | ~해야 하다 | 필요성의 의미 |

• 조동사 뒤에는 반드시 동사 원형이 와요. **he**, **she** 같은 3인칭 단수의 경우 동사 현재형에 항상 s가 붙지만 조동사가 올 때는 s가 붙지 않아요.

**He speaks English.** 그는 영어를 한다.

**He can speak English.** 그는 영어를 할 수 있다.

• 의문문을 만들 때는 문장의 제일 앞에 와요.

**Can you speak English?** 영어 할 수 있니?

• **would**, **should**, **could**는 조동사의 과거를 나타낼 뿐만 아니라 여러 가지 다양한 뜻을 가지고 있는데 좀 복잡한 내용이라서 심화된 문법 책으로 공부하는 게 좋아요.

**must**는 과거형이 없어서 비슷한 뜻의 **have to**의 과거형 **had to**가 과거형이에요.

**might**는 단순해요. **may**의 과거형이긴 한데 **may**와 같이 추측의 의미로만 쓰여요. 의미 차이가 거의 없다고 생각하면 돼요.

1. **It may be true** 그건 사실일 거야.

   **She may go to France.** 그녀는 프랑스에 갈지도 모른다.

2. **It might be true.** 그건 사실일 수도 있어.

   **She might go to France.** 그녀는 프랑스에 갈 수도 있어.

# must, have to, should

시작 : 월 일
마침 : 월 일



1. **must** – 강요, 간곡
2. **have to** – 일반적 사실
3. **should** – 권유, 충고

1. You must do it.
2. You have to do it.
3. You should do it.

1. You must finish your homework.
2. You have to work hard.
3. You should eat less.

## must, have to, should 이해하기

must, have to, should는 모두 한국어로 똑같이 '~해야 한다'라고 해석할 수 있어요. 하지만 세부적인 의미는 각각 다르답니다.

1. **You must do it.** 넌 그걸 꼭 해야 해.
   **You must finish your homework.** 너는 숙제를 꼭 끝내야 해.

must는 강렬해요. '꼭 해야 해. 안 하면 큰일 나!' 하고 강요하는 거예요. 또 '꼭 해야 한다고 생각해요'라는 간곡함도 표현할 수 있어요. 어느 쪽이든 **말하는 '나'의 의지를 강하고 명확하게** 나타내요.

2. **You have to do it.** 너는 그것을 해야 한다.
   **You have to work hard.** 너는 열심히 일해야 한다.

have to는 강렬하진 않아요. '이건 누가 보아도 네가 ~해야만 해'라고 말하며 '나'는 한발 물러서는 표현이에요. **나의 의사는 표현하되 당연한 사실로 포장**하는 거죠. '너는 교통법규를 지켜야 해' 같은 일반적인 규범에 많이 쓰여요.

3. **You should do it.** 너는 그것을 하는 편이 좋겠다.
   **You should eat less.** 너는 덜 먹는 편이 좋겠다.

should는 **충고나 권유의 뉘앙스**가 있어요. 강요하는 것이 아니라 전문가로서, 또는 경험한 사람으로서 '너는 그것을 하는 편이 좋아' 혹은 '나라면 그것을 하겠어'라고 권하는 거예요.

# must, can't

시작 : 월 일
마침 : 월 일

강한 긍정의 추측

**must** ~해야 한다(의무), ~임에 틀림없다

1. **You must go.**
2. **You must be happy.**

강한 의혹의 추측

**can** ~할 수 있다(능력), 정말 ~일까

1. **You can do it.**
2. **Can it be true?**

강한 부정의 추측

**can't** ~할 수 없다(무능력), ~일 리가 없다

1. **I can't catch a taxi.**
2. **It can't be true.**

## must, can't 이해하기

• 원래 **must**는 의무(~해야 한다)의 뜻이지만 확실한 근거가 있을 때 **강한 긍정 추측**(~임에 틀림없다)을 나타내기도 해요.

1. **You must go.** 너는 가야 한다. (의무)
2. **You must be happy.** 너는 정말 행복한 것 같아. (강한 긍정 추측)

• **can**은 능력(~할 수 있다)을 나타내지만 **가능성**(정말 ~일까?)을 나타내기도 한답니다.

1. **You can do it.** 너는 그것을 할 수 있어. (능력)
2. **Can it be true?** 그게 정말 사실일까? (가능성 추측)

• **can**의 부정형인 **can't**는 무능력을 나타내기도 하지만 **강한 부정 추측**(~일 리가 없어)에 유용하게 쓰이지요.

1. **I can't catch a taxi.** 나는 택시를 잡을 수 없었어. (무능력)
2. **It can't be true.** 그건 사실일 리가 없어. (강한 부정 추측)

• **must**와 **can't**는 짝이 된답니다. **강한 긍정의 추측**(~임에 틀림없다)에는 **must**를 쓰고 **강한 부정의 추측**(~일 리가 없다)에는 **can't**를 쓰지요. **must not**은 '~하지 마라'라는 **금지의 의미**로만 쓰여요.

# 시제 완결 공식

시작 : 월 일
마침 : 월 일



## 과거

단순과거

You spoke English

You did not speak English.

Did you speak English?

조동사

You could speak English

You could not speak English

Could you speak English?

수동

English was spoken by you.

English was not spoken by you.

Was English spoken by yous?

조동사

English could be spoken by you.

English could not be spoken by you.

Could English be spoken by you?

..........

과거진행

You were speaking English.

You were not speaking English.

Were you speaking English?

조동사

You could be speaking English.

You could not be speaking English.

Could you be speaking English?

수동 English was being spoken by you.

English was not being spoken by you.

Was English being spoken by you?

조동사 English could be being spoken by you.

English could not be being spoken by you.

Could English be being spoken by you?

과거완료 You had spoken English.

You had not spoken English.

Had you spoken English?

조동사 You could have spoken English.

You could not have spoken English.

Could you have spoken English?

수동 English had been spoken by you.

English had not been spoken by you.

Had English been spoken by you?

조동사 English could have been spoken by you.

English could not have been spoken by you.

Could English have been spoken by you?

과거완료진행

You had been speaking English.

You had not been speaking English.

Had you been speaking English?

조동사

You could have been speaking English.

You could not have been speaking English.

Could you have been speaking English?

수동

English had been being spoken by you.

English had not been being spoken by you.

Had English been being spoken by you?

조동사

English could have been being spoken by you.

English could not have been being spoken by you.

Could English have been being spoken by you?

## 현재

단순현재

You speak English.

You do not speak English.

Do you speak English?

조동사

You can speak English.

You can not speak English.

Can you speak English?

수동 English is spoken by you.

English is not spoken by you.

Is English spoken by you?

조동사 English can be spoken by you.

English can not be spoken by you.

Can English be spoken by you?

현재진행 You are speaking English.

You are not speaking English.

Are you speaking English?

조동사 You can be speaking English.

You can not be speaking English.

Can you be speaking English?

수동 English is being spoken by you.

English is not being spoken by you.

Is English being spoken by you?

조동사 English can be being spoken by you.

English can not be being spoken by you.

Can English be being spoken by you?

현재완료

You have spoken English.

You have not spoken English.

Have you spoken English?

조동사

You can have spoken English.

You can not have spoken English.

Can you have spoken English?

수동

English has been spoken by you.

English has not been spoken by you.

Has English been spoken by you?

조동사

English can have been spoken by you.

English can not have been spoken by you

Can English have been spoken by you?

현재완료진행

You have been speaking English.

You have not been speaking English.

Have you been speaking English?

조동사

You can have been speaking English.

You can not have been speaking English

Can you have been speaking English?

수동

English has been being spoken by you.

English has not been being spoken by you.

Has English been being spoken by you?

조동사 English can have been being spoken by you.

English can not have been being spoken by you.

Can English have been being spoken by you?

## 미래

단순미래 You will speak English.

You will not speak English.

Will you speak English?

수동 English will be spoken by you.

English will not be spoken by you.

Will English be spoken by you?

미래진행 You will be speaking English.

You will not be speaking English.

Will you be speaking English?

수동 English will be being spoken by you.

English will not be being spoken by you.

Will English be being spoken by you?

기초문법 6
시제 완결

미래완료

You will have spoken English.

You will not have spoken English.

Will you have spoken English?

수동

English will have been spoken by you.

English will not have been spoken by you.

Will English have been spoken by you?

미래완료진행

You will have been speaking English.

You will not have been speaking English.

Will you have been speaking English?

수동

English will have been being spoken by you.

English will not have been being spoken by you.

Will English have been being spoken by you?

# 동사 불규칙 3단 변화표

시작 : 월 일
마침 : 월 일

| 원형 | 과거 | 과거분사 |
|---|---|---|
| be | was/were | been |
| bear | bore | born |
| beat | beat | beaten |
| become | became | become |
| begin | began | begun |
| bend | bent | bent |
| bet | bet | bet |
| bid | bid | bid |
| bind | bound | bound |
| bite | bit | bitten |
| bleed | bled | bled |
| blow | blew | blown |
| break | broke | broken |
| breed | bred | bred |
| bring | brought | brought |
| broadcast | broadcast | broadcast |
| build | built | built |
| burst | burst | burst |
| buy | bought | bought |
| cast | cast | cast |
| catch | caught | caught |
| choose | chose | chosen |
| cling | clung | clung |
| come | came | come |
| cost | cost | cost |

| 원형 | 과거 | 과거분사 |
|---|---|---|
| creep | crept | crept |
| cut | cut | cut |
| deal | dealt | dealt |
| dig | dug | dug |
| do | did | done |
| draw | drew | drawn |
| drink | drank | drunk |
| drive | drove | driven |
| eat | ate | eaten |
| fall | fell | fallen |
| feed | fed | fed |
| feel | felt | felt |
| fight | fought | fought |
| find | found | found |
| flee | fled | fled |
| fling | flung | flung |
| fly | flew | flown |
| forbid | forbade | forbidden |
| forecast | forecast | forecast |
| foretell | foretold | foretold |
| forget | forgot | forgotten |
| forgive | forgave | forgiven |
| freeze | froze | frozen |
| get | got | got(gotten) |
| give | gave | given |
| go | went | gone |
| grind | ground | ground |
| grow | grew | grown |

| 원형 | 과거 | 과거분사 |
| --- | --- | --- |
| hang | hung | hung |
| have | had | had |
| hear | heard | heard |
| hide | hid | hidden |
| hit | hit | hit |
| hold | held | held |
| hurt | hurt | hurt |
| keep | kept | kept |
| kneel | knelt | knelt |
| know | knew | known |
| lay | laid | laid |
| lead | led | led |
| leave | left | left |
| lend | lent | lent |
| let | let | let |
| lie | lay | lain |
| light | lit | lit |
| lose | lost | lost |
| make | made | made |
| mean | meant | meant |
| meet | met | met |
| pay | paid | paid |
| put | put | put |
| quit | quit | quit |
| read | read | read |
| ride | rode | ridden |
| ring | rang | rung |
| rise | rose | risen |

| 원형 | 과거 | 과거분사 |
|---|---|---|
| run | ran | run |
| say | said | said |
| see | saw | seen |
| seek | sought | sought |
| sell | sold | sold |
| send | sent | sent |
| set | set | set |
| sew | sewed | sewn/sewed |
| shake | shook | shaken |
| shine | shone | shone |
| shoot | shot | shot |
| show | showed | shown/showed |
| shrink | shrank | shrunk |
| shut | shut | shut |
| sing | sang | sung |
| sink | sank | sunk |
| sit | sat | sat |
| sleep | slept | slept |
| slide | slid | slid |
| speak | spoke | spoken |
| spend | spent | spent |
| spit | spit/spat | spit/spat |
| split | split | split |
| spread | spread | spread |
| spring | sprang | sprung |
| stand | stood | stood |
| steal | stole | stolen |
| stick | stuck | stuck |

| 원형 | 과거 | 과거분사 |
|---|---|---|
| sting | stung | stung |
| stink | stank | stunk |
| strike | struck | struck |
| swear | swore | sworn |
| sweep | swept | swept |
| swim | swam | swum |
| swing | swung | swung |
| take | took | taken |
| teach | taught | taught |
| thrust | thrust | thrust |
| tear | tore | torn |
| tell | told | told |
| think | thought | thought |
| throw | threw | thrown |
| understand | understood | understood |
| upset | upset | upset |
| wake | woke | woken |
| wear | wore | worn |
| weep | wept | wept |
| win | won | won |
| withdraw | withdrew | withdrawn |
| write | wrote | written |

* 동사는 동사원형-과거-과거분사 이렇게 3단 변화를 한다. 물론 진행형으로 쓰일 때 ~ing가 붙지만 기본적으로는 3단 변화이다. 원칙적으로 동사의 과거와 과거분사는 똑같이 끝을 ~ed로 변화시켜 주면 되지만 끝이 ~ed로 변하지 않고 불규칙적으로 변하는 과거형도 있다. 과거분사도 불규칙 변화를 하는 경우가 있어서 익혀 둘 필요가 있다.
* 동사 하나당 30번씩 쓰지 않는다. 표를 통째로 30번씩 쓴다.

# 문장 해석 순서

시작 : 월 일
마침 : 월 일



## 문장 해석 순서

1. 전치사구를 버린다! 나중에 해석한다.

2. 동사(시제)를 찾는다. 동사(시제) 하나에는 반드시 해당되는 주어 하나가 있다. 주어 하나, 동사 하나로 이뤄진 것이 절이다. 문장은 절 하나일 경우도 있고 절 여러 개가 연결될 수도 있다.

3. 평서문일 때 주어는 항상 동사(시제) 바로 앞에 있다. 주어는 은, 는, 이, 가를 붙여 해석하고 동사는 시제 이름을 불러 준다.

4. 부사를 버린다! 부사도 나중에 해석한다.

5. 문장(절)의 형식을 파악한다.

1형식 : 주어 + 완전자동사
2형식 : 주어 + 불완전자동사 + 주격보어
3형식 : 주어 + 완전타동사 + 직접목적어
4형식 : 주어 + 수여동사 + 간접목적어 + 직접목적어
5형식 : 주어 + 불완전타동사 + 목적어 + 목적보어

한글만 쓴다고 당황하지 마라. 한글만 썼는데 영어가 느는 놀라운 체험을 하게 된다.
문장의 5형식이 영어의 기본을 잡아 준다. 문법의 모든 문제는 웬만하면 5형식으로 해결 가능하다.

# 문장의 5형식 개념

시작 : 월 일
마침 : 월 일

문장의 5형식 해석 원칙

| | | |
|---|---|---|
| 1형식 | 주어 + 완전자동사 | 주어가 동사한다. |
| | I go. | 나는 간다. |
| 2형식 | 주어 + 불완전자동사 + 주격보어 | 주어가 주격보어이다(하다). |
| | I am Tom. | 나는 탐이다. |
| | I am happy. | 나는 행복하다. |
| 3형식 | 주어 + 완전타동사 + 직접목적어 | 주어가 직접목적어를 동사한다. |
| | I love you. | 나는 너를 사랑한다. |
| 4형식 | 주어 + 수여동사 + 간접목적어 + 직접목적어 | 주어가 간접목적어에게 직접목적어를 수여한다. |
| | I give Tom a book. | 나는 탐에게 책을 준다. |
| 5형식 | 주어 + 불완전타동사 + 목적어 + 목적보어 | |

- 주어 자리엔 명사(단어, 구, 절)가 간다.
- 보어 자리엔 명사(단어, 구, 절)나 형용사(단어, 구, 절)가 간다.
- 목적어 자리엔 명사(단어, 구, 절)가 간다.
- 주어 다음의 동사는 시제 변화를 한다.

* 5형식의 해석 원칙은 별도로 설명.

# 불완전자동사(2형식)

시작 : 월 일
마침 : 월 일



## 불완전자동사의 용도

1. 2형식 : 주어 + 불완전자동사 + 주격보어
2. 보어로는 명사 아니면 형용사만 쓰인다.
3. 불완전자동사는 보어를 필요로 한다.
4. 완전자동사는 보어를 필요로 하지 않는다.
5. 불완전자동사들 중에서 be동사(am, are, is)가 가장 중요하다.
6. 불완전자동사는 linking verb라고도 부른다.
7. 불완전자동사
   - be동사, become, seem, feel, look, smell, taste, sound, get 등

## 불완전자동사(2형식) 이해하기

- 'I run'이라고 하면 뒷말을 기다릴 필요가 없어요. 그런데 'I am ~'이라고 하면 기다려야 해요. 'I am Tom'이든 'I am happy'든 덧붙이는 말이 있어야 하거든요. 'She is ~'도 뒤에 jane이나 beautiful 등이 나와야 하지요. 말을 끝낼 수 있는 run은 완전자동사이고, 말을 끝낼 수 없는 **am이나 is 같은 be동사는 불완전자동사**랍니다.

- be동사 같은 불완전자동사의 뜻을 완성해 주기 위해 뒤에 오는 명사나 형용사를 보어라고 해요. **보어는 뜻을 보충해 준다는 뜻**이죠.

- 불완전자동사는 영어로 **linking verb**예요. 불완전자동사는 주어와 보어를 연결해 준다는 개념이에요. 'I am Tom'에서 I와 Tom은 결국 같은데 그 사이에서 am이 연결(link)해 주는 역할인 거예요.

- 불완전자동사를 알아볼까요?

  **be동사**, **become** ~이 되다 **seem** ~처럼(~하게) 보이다 **feel** ~처럼(~하게) 느끼다 **look** ~처럼(~하게) **smell** 냄새 나다 **taste** 맛이 나다 **sound** ~처럼(~하게) 들리다 **get** ~하게 되다 등

- 불완전자동사는 모두 혼자서는 뜻이 허전하고 부족해요. 이중에서 **seem**, **feel**, **look**, **smell**, **taste**, **sound**는 다 느낌, 감각에 관련되어 있어요.

# 동사의 이름

시작 : 월 일
마침 : 월 일



## 동사의 이름

뒤에 무엇이 오느냐에 따라서 정해짐.
뒤에 보어가 오면 불완전, 뒤에 보어가 없으면 완전
뒤에 목적어가 있으면 타동사, 뒤에 목적어가 없으면 자동사

## 기본 5형식의 동사 이름

**1형식** 주어 + 완전자동사
- 동사 뒤에 보어가 없으니 완전, 목적어도 없으니 자동사, 완전자동사

**2형식** 주어 + 불완전자동사 + 주격보어
- 동사 뒤에 보어가 있으니 불완전, 목적어가 없으니 자동사, 불완전자동사

**3형식** 주어 + 완전타동사 + 직접목적어
- 동사 뒤에 보어가 없으니 완전, 목적어가 있으니 타동사, 완전타동사

**4형식** 주어 + 수여동사 + 간접목적어 (~에게) + 직접 목적어 (~을)
- 4형식 동사는 '~에게 ~을 주다'로 해석되므로 수여동사

**5형식** 주어 + 불완전타동사 + 목적어 + 목적보어
- 동사 뒤에 보어가 있으니 불완전, 목적어도 있으니 타동사, 불완전타동사

## 기본 5형식의 용어

**주어** '~은', '~는', '~이', '~가'의 뜻을 가지는 동사의 주체.

**동사** 행위, 상태 등을 나타냄. 보어, 목적어의 여부에 따라 완전, 불완전, 자동사, 타동사의 이름을 가짐.

**보어** 주격보어, 목적보어 두 가지. 주격보어는 주어를 보충. 목적보어는 목적어를 보충.

**목적어** 간접목적어, 직접목적어 두 가지. 간접목적어는 '~에게'. 직접목적어는 '~을'.

# 기본 5형식의 구분

시작 : 월 일
마침 : 월 일

1. 전치사구, 부사를 뺐더니 주어, 동사만 달랑 남으면 1형식
2. 2형식은 일단 불완전자동사를 외워서 해결한다. 불완전자동사가 보이면 2형식
   불완전자동사의 예) **be동사**, **become**, **seem**, **feel**, **look**, **smell**, **taste**, **sound**, **get** 등
3. 전치사구, 부사 빼고 불완전자동사가 없을 때 '주어+동사+명사 한 개'의 형식이면 무조건 3형식(이때 명사는 직접목적어 '~을'로 해석)
4. 전치사구, 부사 빼고 '주어 + 동사 + 명사 두 개'의 형식이면 4형식
   (이때 명사는 간접목적어 '~에게', 직접목적어 '~을'의 순서로 해석)
5. 5형식은 주어+ 불완전타동사+ 목적어+목적보어

* 의미하는 동작이나 작용이 주어에만 미치는 동사로 목적어가 필요 없으면 자동사라고 하고, 동사가 동작이나 작용의 대상인 목적어를 필요로 하면 타동사라고 한다.

  1. **I go to school.**
     to school은 전치사구. 전치사구를 빼면 뒤에 '~을(를)'에 해당하는 목적어가 없다. 그래서 go는 자동사.
  2. **I love you.**
     love는 you(너를)라는 목적어를 가졌다. 그래서 love는 타동사

* 문장의 5형식으로 문장을 분석하는 버릇을 들이면 아무리 복잡하고 긴 문장이라도 어려운 줄 모르고 이해할 수 있다.
* 문장의 5형식에서 1, 3, 4형식은 구분하기 쉽지만 2, 5형식은 이해하기 조금 까다롭다. 5형식을 이해하기 위해서는 2형식을 먼저 알아야 한다. 불완전자동사를 확실히 알아 놓도록 하자.

# be동사의 형태

시작 : 월 일
마침 : 월 일



## be동사의 형태

| | |
|---|---|
| 동사원형 | be |
| 현재형 | (I) am, (you, we, they) are, (he, she) is |
| 과거형 | (I, he, she) was, (you, we, they) were |
| to부정사 | to be |
| 동명사 | being |
| 현재분사 | being |
| 과거분사 | been |

## be동사의 쓰임

완전자동사, 불완전자동사

## be동사의 뜻

~이다 – 명사가 뒤에 있을 때, 불완전자동사

~하다 – 형용사가 뒤에 있을 때, 불완전자동사

~에 있다 – 뒤에 명사 · 형용사가 없을 때, 완전자동사

* be동사가 불완전자동사로 쓰일 때 뒤에 보어(명사 또는 형용사)가 온다.

**I am Tom.** – Tom이 보어 자리에 온 명사

**I am happy.** – happy가 보어 자리에 온 형용사

* be동사가 완전자동사로 쓰일 때는 뒤에 명사나 형용사가 없다.

**I am in the garden.** – 전치사구 in the garden을 버리면 뒤에 보어 없음.
여기서 am은 '~에 있다'란 뜻으로 완전자동사. 고로 1형식 문장.

# be동사의 의의

시작 : 월 일
마침 : 월 일

1. be동사의 뜻은 항상 세 가지
   – ~이다, ~하다, ~에 있다

2. be동사의 다양한 형태는 시제 이름을 정하거나 품사를 둔갑시킬 때 사용한다.

3. 절 안에 여러 개의 동사가 모여 있을 경우 맨 뒤의 동사를 본동사라 부르며 이 본동사만이 뜻을 가진다. 나머지 동사들은 뜻을 가지지 않으며 시제 이름을 정하는 역할 등을 한다.

* be동사는 시제를 결정할 수 있다.

**I am Tom.** – 불완전자동사 am은 현재시제를 나타낸다.

**I have been there.** – 부사 there 제외. been은 완전자동사. be동사가 현재완료를 만들기 위해 have been이 됨.

**You have been speaking.** – 맨 뒤의 동사 speaking이 뜻을 가진 본동사. 나머지는 현재완료진행을 만들기 위해 있는 것.

* be동사는 품사를 둔갑시킬 수 있다.

**I want to be happy.** –I가 주어, want는 목적어(명사)가 필요한 완전타동사. to be는 형용사 happy를 '행복한 것을'이라는 명사로 둔갑시키기 위한 것.

# 5형식의 이해

시작 : 월 일
마침 : 월 일



1. 1,2,3,4형식이 아니면 모두 5형식이라고 생각할 것.

2. 5형식은 절 하나에 주어, 동사의 개념이 2개씩 있다.

   **I will make you happy.**

   – '내가 해 줄게'와 '너는 행복하다'

   **I made him a doctor.**

   – '내가 만들었어'와 '그는 의사이다'

3. 5형식 : 주어 + 불완전타동사 + 목적어 + 목적보어

4. 목적보어 자리에는 언제나 명사 아니면 형용사가 쓰임

5. 목적보어 자리의 명사 또는 형용사는 우리말로 낯설게 해석됨

   **I will make you happy.**

   – 우리말 '행복하게'는 부사, 영어 'happy'는 형용사

   **I made him a doctor.**

   – 우리말 '의사로'는 부사 역할, 영어는 단순한 명사 'a doctor'

# 5형식 예문

시작 : 월 일
마침 : 월 일

**I found this hard.** 나는 이것이 어렵다고 생각한다.

**We elected him president.** 우리는 그를 대통령으로 선출했다.

**She drives me crazy.** 그녀는 나를 미치게 한다.

**They call me a hero.** 그들은 나를 영웅이라고 부른다.

**I believe her honest.** 나는 그녀가 정직하다고 믿는다.

**I had him clean the bathroom.** 나는 그에게 화장실 청소를 시켰다.

**He painted the door blue.** 그는 문을 파란색으로 칠했다.

5형식은 '주어 + 불완전타동사 + 목적어 + 목적보어'라는 구성 원칙이 있고 각각의 자리에는 들어가야 할 품사가 이미 정해져 있다. 목적보어는 목적어를 보충하는 보어인데 보어 자리에는 반드시 명사 아니면 형용사만 쓰인다. 이 목적보어 자리의 명사 또는 형용사가 우리말에서는 주로 부사로 해석된다. 이걸 짚고 넘어가야 5형식의 개념이 명쾌해진다.

# 부사 목록

시작 : 월 일
마침 : 월 일



- 해석을 가볍게 해 주는 삼총사, 기억하고 계시나요? 전치사구, 부사, 시제(동사)죠. 전치사구와 시제(동사)는 이미 정리했고 이제 부사를 할 차례예요. 부사는 아름답고 풍부한 영어 문장을 만들기 위하여 반드시 필요하답니다.

- '많이 쓰이는 부사' 목록과 '기타 부사' 목록, 두 목록을 각각 통째로 5번씩 노트에 써 주세요. '많이 쓰이는 부사' 목록은 이미 알고 있는 걸 다시 한 번 확인하려는 목적이고, '기타 부사' 목록은 부사에 익숙해지기 위한 거예요. 꼭 외우겠다는 부담은 안 가져도 돼요.

## 1. 많이 쓰이는 부사

**yesterday** 어제
**today** 오늘
**tomorrow** 내일
**now** 지금
**then** 그때, 그다음에, 그러면
**later** 나중에
**tonight** 오늘 밤
**right now** 바로 지금
**last night** 지난 밤
**this morning** 오늘 아침

**next week** 다음 주
**already** 벌써
**recently** 최근에
**lately** 최근에, 얼마 전에
**soon** 곧
**immediately** 즉각
**still** 아직도
**yet** 아직

**ago** 전에
**here** 여기

**there** 저기
**over there** 저쪽에
**everywhere** 모든 곳, 어디나
**anywhere** 어디에서도
**nowhere** 아무 데서도 ~ 없다
**home** 집에
**downtown** 시내에
**never** 결코 ~ 않다
**away** (시간적, 공간적으로) 떨어져
**out** ~밖으로

**very** 매우
**quite** 꽤
**pretty** 상당히
**really** 정말로
**fast** 빨리

**well** 잘

**hard** 열심히

**quickly** 빨리

**slowly** 천천히

**carefully** 조심스럽게

---

**hardly** 거의 ~않다

**barely** 간신히, 가까스로

**mostly** 주로

**almost** 거의

**absolutely** 전적으로, 틀림없이

**together** 함께

**alone** 홀로, 외로이

**always** 늘, 항상

**frequently** 자주, 흔히

**usually** 보통, 대개

**sometimes** 때때로

**occasionally** 가끔

**seldom** 좀처럼 ~ 않는

**rarely** 드물게, 좀처럼 ~ 않는

## 2. 기타 부사

### A

**abnormally** 비정상적으로

**absentmindedly** 건성으로

**accidentally** 우연히, 뜻하지 않게

**acidly** 신랄하게, 매섭게

**actually** 실제로

**adventurously** 대담하게, 모험적으로

**afterwards** 그 뒤에, 나중에

**angrily** 화내어, 성나서

**annually** 매년

**anxiously** 근심하여, 걱정스럽게

**arrogantly** 거만하게

**awkwardly** 어색하게, 서투르게

### B

**badly** 심하게, 나쁘게

**bashfully** 부끄럽게

**beautifully** 아름답게

**bitterly** 비통하게, 쓰라리게

**bleakly** 적막하게, 음침하게

**blindly** 맹목적으로, 앞이 안 보이는 채

**blissfully** 더없이 행복하게

**boastfully** 자랑하면서, 허풍 떨면서, 과장되어

**boldly** 대담하게, 뻔뻔스럽게

**bravely** 용감하게

**briefly** 간단하게

**brightly** 밝게

**briskly** 활발하게, 씩씩하게

**broadly** 광범위하게, 대략, 활짝

**busily** 바쁘게

### C

**calmly** 고요히, 침착하게

**carelessly** 부주의하게

**cautiously** 조심스럽게

**certainly** 확실히

**cheerfully** 기분 좋게, 쾌활하게

**clearly** 또렷하게, 분명히

**cleverly** 영리하게, 빈틈없이

**closely** 가까이

**coaxingly** 살살 달래면서
**colorfully** 울긋불긋하게
**commonly** 흔히, 보통
**continually** 계속해서
**coolly** 쌀쌀맞게, 냉정히, 침착하게, 태연히
**correctly** 바르게, 정확하게
**courageously** 용감하게
**crossly** 가로로, 비스듬히, 거꾸로
**cruelly** 잔인하게, 지독하게, 몹시
**curiously** 신기한 듯이, 호기심에서

## D

**daily** 매일
**deceivingly** 거짓으로, 속여서
**deeply** 깊이
**defiantly** 반항적으로, 도전적으로
**deliberately** 고의로, 계획적으로
**delightfully** 매우 반갑게, 유쾌하게
**diligently** 부지런히
**dimly** 어둑하게, 희미하게
**doubtfully** 미심쩍게, 불확실하게
**dreamily** 꿈꾸듯이

## E

**easily** 쉽게
**elegantly** 우아하게
**energetically** 정력적으로, 활동적으로
**enormously** 엄청나게, 대단히
**enthusiastically** 열광적으로
**equally** 균등하게
**especially** 특별히
**even** ~조차
**evenly** 고르게, 균등하게
**eventually** 결국, 종내
**exactly** 정확히
**excitedly** 흥분하여
**extremely** 극도로, 극히

## F

**fairly** 상당히, 꽤
**faithfully** 충실히, 정확히
**famously** 유명하게
**far** 멀리
**fatally** 치명적으로, 비참하게
**ferociously** 사납게
**fervently** 열렬하게, 강렬하게
**fiercely** 사납게, 맹렬하게, 지독하게
**fondly** 애정을 듬뿍 담고
**foolishly** 어리석게도, 바보같이
**fortunately** 다행스럽게도
**frankly** 솔직히
**frantically** 미친 듯이
**freely** 자유롭게
**frenetically** 광적으로
**frightfully** 몹시, 대단히, 무시무시하게
**fully** 완전히, 충분히
**furiously** 노하여, 광란하여, 맹렬히

## G

**generally** 일반적으로
**generously** 아낌없이, 후하게, 관대하게
**gently** 다정하게, 부드럽게
**gladly** 기꺼이
**gleefully** 유쾌하게
**gracefully** 우아하게
**gratefully** 감사하여, 기꺼이

**greatly** 대단히

**greedily** 욕심내어, 탐욕스럽게, 게걸스럽게

## H

**happily** 행복하게

**hastily** 급히, 서둘러서

**healthily** 건강하게, 건전하게

**heavily** 심하게

**helpfully** 도움이 되게, 유익하게

**helplessly** 어찌할 수 없이, 의지할 데 없이

**highly** 크게, 대단히, 매우

**honestly** 솔직히

**hopelessly** 절망하여

**hourly** 매시간의

**hungrily** 주려서, 시장한 듯이, 게걸스럽게

## I

**innocently** 천진난만하게

**inquisitively** 캐묻기 좋아하여, 호기심이 많아

**instantly** 즉시, 즉각

**intensely** 격하게, 열심히

**intently** 골똘하게, 여념 없이, 오로지

**interestingly** 흥미 있게, 재미있게

**inwardly** 마음속으로, 내심, 은밀히

**irritably** 짜증내는, 화가 난

## J

**jaggedly** 거칠고 깔끄럽게

**jealously** 질투하여

**joyfully** 기쁘게

**jovially** 유쾌하게, 명랑하게

**jubilantly** 환희에 넘쳐, 환성을 지르면서

**justly** 바르게, 정당하게

## K

**keenly** 날카롭게, 예민하게

**kindheartedly** 친절하게

**kindly** 친절하게

**knavishly** 불량배같이, 심술궂게

**knowingly** (사정 등을) 다 알고도, 고의로

## L

**lazily** 게으르게

**less** 더 적은, 덜한

**lightly** 가볍게, 부드럽게

**likely** ~할 것 같은

**limply** 유연하게, 흐느적거리면서

**lively** 활기 넘치는, 적극적인, 의욕적인

**loftily** 우뚝 솟아, 고상하게

**longingly** 갈망하여, 열망하여

**loosely** 느슨하게, 헐겁게

**lovingly** 애정을 기울여, 친절히

**loudly** 큰 소리로

**loyally** 충성스럽게

## M

**madly** 미친 듯이, 마구, 대단히

**majestically** 당당하게, 장대하게

**meaningfully** 의미 있게

**mechanically** 기계적으로

**merrily** 명랑하게

**miserably** 비참하게

**mockingly** 조롱하듯이

**monthly** 매월의

**more** 더 많은

**mortally** 치명적으로

**mysteriously** 신비롭게

## N

**naturally** 물론, 당연히, 자연스럽게
**nearly** 거의
**neatly** 깔끔하게
**nervously** 신경질적으로, 초조하게
**nicely** 멋지게, 잘
**noisily** 요란하게, 시끄럽게

## O

**obediently** 고분고분하게, 공손하게
**obnoxiously** 불쾌하게, 역겹게
**oddly** 이상하게
**offensively** 무례하게, 모욕적으로
**officially** 공식적으로
**often** 자주
**only** 유일한, 오직
**openly** 터놓고, 솔직히
**optimistically** 낙관적으로, 낙천적으로

## P

**painfully** (고통스러울 정도로) 극도로
**partially** 부분적으로
**patiently** 끈기 있게, 참을성 있게
**perfectly** 완전히, 더할 나위 없이
**physically** 신체적으로, 육체적으로
**playfully** 희롱조로, 농담으로
**politely** 공손히, 예의 바르게
**poorly** 좋지 못하게, 저조하게, 형편없이
**positively** 긍정적으로
**potentially** 가능성 있게, 잠재적으로
**powerfully** 강력하게, 유력하게, 많이
**promptly** 지체 없이, 즉각적으로
**properly** 제대로, 적절히
**punctually** 시간대로, 정각에

## Q

**quaintly** 진기하게, 묘하게
**queasily** 욕지기나게, 게걸스럽게
**queerly** 기묘하게
**questionably** 의심스럽게, 수상하게
**questioningly** 질문조로, 미심쩍게
**quietly** 조용히

## R

**rapidly** 빠르게
**readily** 손쉽게, 순조롭게, 선뜻
**reassuringly** 안심시키게
**recklessly** 무모하게, 개의치 않고
**regularly** 정기적으로, 규칙적으로
**reluctantly** 마지못해, 싫어하여
**repeatedly** 반복적으로
**reproachfully** 비난하여
**restfully** 편안하게, 휴식이 되게
**righteously** 옳게, 정의롭게, 정당하게
**rightfully** 마땅히, 정당하게
**rigidly** 굳게, 엄격히, 완고하게
**roughly** 대략, 거의, 거칠게
**rudely** 무례하게, 예의 없이

## S

**sadly** 슬프게도, 애석하게도, 불행히
**safely** 안전하게, 무사히
**scarcely** 거의 ~ 않다, 겨우, 간신히
**scarily** 무시무시하게, 겁나게

**searchingly** 엄하게, 신랄하게

**sedately** 조용히, 침착하게, 차분히

**seemingly** 외견상으로, 겉보기에는

**selfishly** 이기적으로, 제멋대로

**separately** 따로따로, 각기, 별도로

**seriously** 심하게, 진지하게, 진심으로

**shakily** 떨며, 비틀거리며

**sharply** 날카롭게, 신랄하게

**shrilly** 귀가 째지는 듯한 소리로

**shyly** 수줍게

**silently** 조용히

**sleepily** 졸린 듯이

**slowly** 천천히

**smoothly** 부드럽게, 순조롭게

**softly** 부드럽게

**solemnly** 장엄하게, 진지하게

**solidly** 튼튼하게, 확고하게

**speedily** 빨리, 급히, 곧

**stealthily** 몰래, 은밀히

**sternly** 엄격하게, 준엄하게

**strictly** 엄하게, 엄격히

**successfully** 성공적으로

**suddenly** 갑자기

**surprisingly** 놀랍게

**suspiciously** 의심스럽다는 듯이, 미심쩍은 듯이

**sweetly** 상냥하게, 다정하게

**swiftly** 신속히, 빨리

**sympathetically** 동정하여, 공감하여, 호의적으로

## T

**tenderly** 상냥하게, 친절하게

**tensely** 팽팽히, 긴장하여

**terribly** 너무, 대단히, 끔찍하게

**thankfully** 고맙게도, 다행스럽게도

**thoroughly** 대단히, 완전히

**thoughtfully** 생각이 깊게

**tightly** 단단히, 꽉

**too** 역시

**tremendously** 엄청나게, 터무니없이 크게

**triumphantly** 의기양양하여

**truly** 정말로, 진심으로

**truthfully** 진실하게, 참되게

## U

**ultimately** 궁극적으로, 결국

**unabashedly** 염치없이

**unaccountably** 설명할 수 없을 정도로, 뚜렷한 이유 없이

**unbearably** 참을 수 없을 정도로

**unethically** 비윤리적으로

**unexpectedly** 뜻밖에, 예상외로

**unfortunately** 불행하게도

**unnaturally** 부자연스럽게, 이상하게

**unnecessarily** 불필요하게, 쓸데없이

**upside-down** (위아래가) 거꾸로 (뒤집혀)

**upwardly** 위쪽을 향해

**urgently** 급히

**usefully** 유용하게, 유효하게

**uselessly** 무익하게, 쓸데없이

**utterly** 완전히, 순전히

## V

**vacantly** 멍하니, 멀거니
**vaguely** 모호하게, 애매하게, 희미하게
**vainly** 허사로, 헛되이
**valiantly** 용감하게
**vastly** 대단히, 엄청나게
**verbally** 말로, 구두로
**viciously** 사악하게, 맹렬하게
**victoriously** 승리를 거두어, 전승으로
**violently** 난폭하게, 격렬하게, 맹렬히
**vivaciously** 활발하게, (식물)다년생으로
**voluntarily** 자발적으로, 자원해서

## W

**warmly** 따뜻하게, 열심히
**weakly** 힘없이
**wearily** 녹초가 되어, 지쳐서
**wholly** 완전히, 전적으로
**wildly** 걷잡을 수 없이, 미친 듯이
**willfully** 고의로, 계획적으로
**wisely** 현명하게, 꾀를 부려
**woefully** 슬픔에 가득 차서, 비참하게
**worriedly** 걱정스럽게
**wrongly** 잘못되게, 부당하게

## Y

**yearly** 1년에 한 번씩 있는, 매년 있는
**youthfully** 팔팔하게, 청년답게

## Z

**zestfully** 풍미가 풍부하게, 열심히

# 숙어 500

시작 : 월 일
마침 : 월 일

- 숙어는 외우려고 하면 부담스러워요. 그냥 무작정 써 보세요. 아래 숙어 목록에는 생활 속에서 바로바로 쓰이는 간단한 표현들도 많기 때문에 쓰면서 동시에 읽어 보는 것도 좋아요.
- 숙어 한 개당 30번 쓰지 말고 몇 십 개 단위로 묶어서 반복해 주세요. 50개 단위로 묶으면 무난해요. 외우는 게 아니라 양을 채우면서 익숙해지는 게 목적이에요.
- 이해가 필요한 문장은 괄호 안에 직역을 넣었어요.

## 숙어 500

1. **He's young at heart.** 그는 마음은 젊어. (그는 심장이 어려)
2. **It won't be long.** 오래 안 걸릴 거야.
3. **I'm between jobs.** 난 쉬고 있어. (난 일 사이에 있어)
4. **I'm on my way.** 가는 중이야. (난 나의 길 위에 있어)
5. **I'll be right back.** 금방 다시 올게.
6. **I'm really into sports.** 난 스포츠를 좋아해. (나 진짜 스포츠 속에 있어)
7. **I hate his guts.** 저 사람 정말 싫어. (나는 그의 내장을 싫어해)
8. **I made it!** 해 냈어.
9. **I owe you one.** 신세 한번 졌다.
10. **If you insist.** 정 그러시다면 (정 고집하신다면)

11. **You're such a chicken.** 너 정말 겁쟁이구나. (너 정말 닭이구나)
12. **She's really picky.** 그 여자는 성미가 까다로워.
13. **I could eat a horse.** 배고파 죽겠다. (배고파서 말도 먹을 수 있어)
14. **I totally blanked out.** 머릿속이 하얘지더라. (머릿속이 비더라)
15. **Are you seeing her?** 너 그 여자랑 사귀니?
16. **He is a pushover.** 걔는 조르면 쉽게 넘어 가는 타입이야.
17. **He's the apple of my eye.** 눈에 넣어도 안 아플 아이죠. (눈동자를 apple로 표현)
18. **We hit it off.** 우리는 마음이 잘 맞아. (hit it off 죽이 잘 맞다)

19. **a chip off the old block** 엄마 또는 아빠를 쏙 빼닮은 아이, 판박이
20. **I'm looking for Mr. Right.** 나는 이상형을 찾고 있어.

---

21. **Show yourself!** 어서 나와! (너를 보여 줘!)
22. **You have my blessing.** 내가 축복해 줄게. (너는 내 축복을 가지고 있어)
23. **I was a late bloomer.** 난 대기만성형이었어. (나는 늦게 피는 꽃이었어)
24. **That is ancient history.** 옛날 옛적 일이잖아.
25. **It is not your place.** 네가 끼어들 자리가 아니야. (그건 네 자리가 아니야)
26. **Rise and shine!** 기상! (일어나서 빛나!)
27. **We're on a first-name basis.** 우린 이름 부르는 사이라고.
28. **You'd better.** 당연히 그래야지.
29. **She's a living legend.** 그녀는 살아 있는 전설이지.
30. **Coming right up.** 곧 나옵니다.

---

31. **I'm expecting company.** 올 사람이 또 있어. (나는 일행을 기대하고 있어)
32. **I have two left feet.** 나 몸치야. (나는 두 개의 왼발을 가지고 있어)
33. **break the ice** 어색한 분위기를 깨다 (얼음을 부수다)
34. **I don't mind.** 난 괜찮아, 상관없어.
35. **I didn't mean it.** 그런 뜻이 아니었어.
36. **Are you pulling my leg?** 너 나 놀리니? (pull one's leg ~를 속이다, ~를 놀리다)
37. **My ears are burning.** 누가 내 얘기하나 봐. (나의 귀가 불타고 있어)
38. **I got a flat tire.** 타이어에 구멍 났어. (나는 평평한 타이어를 가지고 있어)
39. **What a coincidence!** 이런 우연이!
40. **I'm not really in the mood.** 난 그럴 기분이 아니야.

---

41. **I'm no quitter.** 난 포기란 거 몰라. (난 중도 포기자가 아니야)
42. **May I try on these pants?** 이 바지 입어 봐도 돼요? (try on 입어 보다)
43. **Who brings home the bacon?** 누가 생활비를 버니? (누가 집에 베이컨을 가져오니?)
44. **Cat got your tongue?** 왜 말이 없니? (고양이가 너의 혀를 가져갔니?)
45. **It's over.** 끝났어.
46. **Back me up.** 나 좀 도와줘. (back up 뒷받침하다, 돕다)
47. **I've had it.** 이제 못 참아. (나는 이미 그것을 가졌어)
48. **It's tempting.** 구미가 당기네. (tempting 솔깃한)

49. **Lighten up!** 긴장 풀어! (가볍게 만들어)

50. **Take that back.** 그 말 취소해. (그것을 회수해)

---

51. **He has deep pockets.** 갠 부자야. (그는 깊은 호주머니를 가지고 있어)

52. **Join the club.** 너만 그런 거 아냐. (클럽에 가입해)

53. **You got that from me.** 날 닮아서 그래. (너는 그것을 나로부터 취했어)

54. **Nothing personal.** 유감은 없어. (사적인 것은 아님)

55. **On your feet!** 일어나!(너의 발로)

56. **I'm not surprised.** 놀랍지도 않아.

57. **I'm on a diet.** 나는 다이어트 중이다.

58. **I was out of line.** 내 행동이 적절치 못했어. (나는 선 밖에 있었어)

59. **I'm putting on makeup now.** 나는 지금 화장하고 있어. (put on makeup 화장하다)

60. **I can't stand it.** 참을 수가 없어. (stand 서다, 참다)

---

61. **Feel free to spread the word.** 맘껏 소문 내. (말을 퍼뜨리기에 자유롭게 느껴)

62. **It's picture day.** 오늘 학급사진 찍어요. (오늘은 사진의 날이에요)

63. **I don't have any lunch money.** 나는 점심 값이 없어요.

64. **I know a thing or two.** 내가 좀 알지. (나는 하나의 것 또는 두 개를 알아요)

65. **I'm not myself today.** 정신이 없어. (내가 오늘 내 자신이 아니야)

66. **I'll be in touch.** 내가 연락할게. (나는 접촉 속에 있을 것이다)

67. **I'm feeling sick.** 토할 것 같아. (나는 아픔을 느끼는 중이야)

68. **Be my guest.** 그렇게 해. (나의 손님이 되세요)

69. **Good for you!** 잘됐다! (너를 위해 좋다)

70. **Every dog has its day.** 쥐구멍에도 볕 들 날 있다. (모든 개는 자신의 날을 가진다)

---

71. **For real?** 정말?

72. **I got a hunch.** 감 잡았어. (hunch 등을 구부리다, 예감)

73. **What are you up to?** 무슨 꿍꿍이야?

74. **Nature's calling!** 화장실에 가고 싶어. (자연이 부르는 중이야)

75. **I'll charge it.** 카드로 계산할게요.

76. **Don't feel obliged.** 안 그래도 돼. (강요받았다고 느끼지 마)

77. **Bottoms up!** 원샷! (바닥까지!)

78. **It's my treat.** 내가 쏠게. (그것은 나의 접대야)

79. **My salary is chicken feed.** 내 월급은 쥐꼬리만 해. (chicken feed 병아리 모이)
80. **Come over.** 놀러 와.

---

81. **Let's cut class today.** 수업 땡땡이치자. (오늘 수업을 끊자)
82. **Let's hit the road.** 출발하자. (길을 때리자)
83. **It is super delicious.** 엄청 맛있어.
84. **You are so cool.** 넌 너무 멋져.
85. **You've gone too far.** 너 너무 심했어. (너는 너무 멀리 갔어)
86. **I got a raw deal.** 난 부당한 대우를 받았어. (나는 날것의 거래를 받았어)
87. **Out with it!** 속 시원히 말해! (그것과 함께 밖으로!)
88. **Why the sudden interest?** 웬 갑작스런 관심?
89. **You don't know the half of it.** 너는 잘 몰라. (너는 그것의 반도 몰라)
90. **It goes without saying.** 물론이야. (그것은 말하지 않고도 간다)

---

91. **I'm blue today.** 오늘 기분이 꿀꿀해. (blue 파란, 우울한)
92. **My bad.** 내 잘못이야.
93. **I am not shallow.** 난 외모로 사람을 평가하지 않아. (나는 얄팍하지 않아)
94. **I'm a big fan of wine.** 와인을 좋아해. (나는 와인의 열혈팬이야)
95. **You bet.** 당연하지. (너는 내기해)
96. **Gotcha.** 알았어. (Got you의 축약형)
97. **Save it.** 됐어. (그걸 저장해)
98. **I was in the neighborhood.** 근처에 있었어요.
99. **It's not you, it's me.** 너 때문이 아니라 내가 문제야. (그것은 네가 아니야, 그것은 나야)
100. **I don't fit in here.** 난 여기 안 맞아.

---

101. **Slow and steady wins the race.** 천천히 그리고 꾸준히 하는 자가 이긴다.
102. **Build a dream and the dream will build you.** 꿈을 꾸면, 꿈이 너를 만들 것이다.
103. **A man is not finished when he is defeated. He is finished when he quits.**
    인간은 패배했을 때 끝나는 것이 아니고 포기했을 때 끝나는 것이다. - 닉슨
104. **An apple a day keeps the doctor away.**
    하루 하나씩의 사과는 의사를 멀리하게 한다.
105. **It is not the mountain we conquer, but ourselves.**
    우리가 정복해야 할 것은 산이 아니라 우리들 자신이다.

106. **I'm sick of it.** 지긋지긋해. (나는 그것에 아파)

107. **It's not my cup of tea.** 내 취향이 아니야. (그것은 내 차의 컵이 아니야)

108. **I totally understand.** 전적으로 이해해.

109. **I swear.** 진짜야. (나는 맹세해)

110. **Same here.** 나도. (여기도 마찬가지야)

---

111. **You scared me!** 깜짝이야! (너는 나를 두렵게 했어)

112. **Allow me.** 제가 할게요. (나를 허락하세요)

113. **Act your age.** 나잇값 좀 해. (네 나이로 행동해)

114. **Don't be like that.** 그렇게 살지 마, 그러지 마.

115. **Don't get me wrong.** 오해하지 마. (나를 틀리게 가지지 마세요)

116. **It is time to go.** 갈 시간입니다.

117. **Hats off to you.** 경의를 표합니다. (당신께 모자를 벗는다)

118. **I was having a bad day.** 나 오늘 좀 힘들었어. (난 나쁜 날을 가졌어)

119. **I don't play by the rules.** 난 원리원칙만 고집하진 않아. (난 원칙대로 플레이하지 않아)

120. **She's on the phone.** 그녀는 통화 중이야.

---

121. **On what grounds?** 무슨 근거로요?

122. **Let me see.** 보자.

123. **I slept like a log** 난 세상모르고 잤어. (난 나무토막처럼 잤어)

124. **I fell in love with him.** 나는 그와 사랑에 빠졌어. (fall in love 사랑에 빠지다)

125. **Stop hitting on her!** 그만 추근거려! (hit on 추근거리다)

126. **Let's get together sometime.** 언제 한번 같이 모여요. (get together 모이다, 만나다)

127. **Get in the line.** 줄을 서세요.

128. **For good.** 영원히.

129. **I'll be right back with you.** 곧 당신에게 돌아올게요.

130. **It's state-of-the-art.** 최첨단 수준이야.

---

131. **Don't bother.** 신경 쓰지 마세요.

132. **Don't bother me.** 나를 괴롭게 하지 말아요.

133. **Move over.** 옆으로 비켜 봐.

134. **What the hell!** 젠장.

135. **It makes my mouth water.** 군침이 돈다. (그건 나의 입에 침이 생기게 만들어)

136. **Are you kidding?** 농담해요?

137. **Hold the onions.** 양파는 빼 주세요. (양파를 잡아 두세요)

138. **Check, please.** 계산서 좀 주세요.

139. **I went through a lot.** 전 고생을 많이 했어요. (go through 살펴보다, 검토하다, 겪다)

140. **Carry on!** 계속하세요.

141. **It runs in the family.** 집안 내력이야.

142. **Go get it.** 가서 가지세요.

143. **Anybody home?** 집에 누구 있어요?

144. **This is so typical.** 늘 이런 식이라니까. (typical 전형적인)

145. **Are you in line?** 당신은 줄에 서 있어요?

146. **Awesome!** 와우~ 멋지다! (감탄할 때 흔히 쓰이는 표현)

147. **Come on in.** 들어오세요.

148. **She took my breath away.** 그녀는 숨 막히게 아름다워. (그녀는 나의 숨을 가져갔다)

149. **How's everything?** 요즘 어때? (모든 것이 어떠니?)

150. **How's work?** 일은 어때?

151. **What's the big deal?** 뭐가 그렇게 난리예요? (뭐가 큰 거래죠?)

152. **You can say that again.** 지당한 말씀이에요. (당신은 한 번 더 말할 수 있어요)

153. **Stop beating around the bush.** 빙빙 돌려 말하지 마. (덤불 주위를 치지 마)

154. **It slipped my mind.** 깜빡했어. (내 마음에서 미끄러졌어)

155. **He is nosy.** 그는 참견쟁이야. (nosy 참견하는)

156. **You have a wrong number.** 전화를 잘못 거셨어요. (당신은 틀린 번호를 가지고 있어요)

157. **None of your business.** 넌 몰라도 돼. (당신의 일이 아님)

158. **Say no more.** 더 이상 아무 말 마.

159. **You win.** 당신이 이겼어요.

160. **I got the hang of it.** 어떻게 하는 건지 알겠어. 감 잡았어.

161. **Drive safely!** 안전하게 운전해요.

162. **You have guts.** 넌 용기가 있어. (gut 소화관, 내장 guts 용기)

163. **You look good.** 좋아 보이네요.

164. **What's new?** 뭐 새로운 거 있었어요?

165. **I'm out of your league.** 난 너하곤 수준이 달라. (난 너의 리그 밖에 있어)

166. **You'll thank me later.** 나중에 나한테 고맙다고 할걸.
167. **Don't let the cat out of the bag.** 비밀 지켜. (고양이를 가방 밖으로 내보내지 마)
168. **You stay out of it.** 넌 이것에 끼어들지 마. (너는 그것의 밖에 머물러)
169. **My lips are sealed.** 아무한테도 말 안 할게. (내 입은 봉해졌어)
170. **Sure thing.** 확실한 거예요.

---

171. **I dumped him.** 내가 그를 찼어.
172. **I am on a cloud nine.** 기분이 정말 좋아. (나는 9번 구름 위에 있어)
173. **teething trouble** 초기의 어려움 (이빨 나는 고통)
174. **I'm off key.** 나는 노래를 잘하지 못해. (off key 음을 못 맞추는)
175. **Give me a straight answer.** 솔직히 대답해 줘. (나에게 똑바른 대답을 주세요)
176. **You are so hot.** 넌 너무 섹시해. (넌 너무 뜨거워)
177. **Take my word for it.** 그것에 대해서 내 말을 따라요. (그것에 대해 내 말을 가지세요)
178. **He is all thumbs.** 걔는 손재주가 너무 없어. (그는 다 엄지손가락이야)
179. **Couldn't be better** 이보다 더 좋을 수가 없어.
180. **Take your time.** 천천히 하세요. (시간을 가지세요)

---

181. **Could you keep an eye on my bag?** 내 가방 좀 봐줄래? (keep an eye on 주시하다)
182. **What's bugging you?** 고민이 뭐야? (무엇이 너를 괴롭히니?)
183. **Dream on.** 어림없어. (꿈을 꿔. 반어법)
184. **Keep your chin up.** 기운 내. (너의 턱을 들어)
185. **Hold on.** 기다려. (잡고 있어, 유지하고 있어)
186. **I'm on the wagon.** 나 금주 중이야. ([물 뿌리는] wagon 위에 있다)
187. **Let's face it.** 현실을 직시해.
188. **Grow up** 철 좀 들어라. (자라라)
189. **What's the point?** 요점이 뭐지요?
190. **Suit yourself!** 좋을 대로 하세요. (당신 자신에 맞추세요)

---

191. **No clue at all** 전혀 모르겠어. (전혀 실마리가 없어)
192. **She's a real pain in the neck.** 걔 정말 짜증 나. (그녀는 목의 고통이야)
193. **Sweet dreams.** 즐거운 꿈 꾸세요.
194. **I feel your pain.** 네 맘을 이해해. (네 고통을 이해해)
195. **Can you do me a favor?** 부탁 들어줄 수 있어요?

196. **I hear it on the grapevine.** 나는 그것을 소문으로 들었어.

197. **That's news to me.** 난 금시초문인데.

198. **I'm coming.** 갈게. (나는 오고 있는 중이야)

199. **Never mind.** 괜찮아. (꺼려하지 마)

200. **The night is still young.** 아직 초저녁이야. (저녁이 어려)

201. **A woman is like a tea bag ; you never know how strong it is until it's in hot water.**
여자는 티백과 같다. 뜨거운 물에 넣어지기 전까지는 그것이 얼마나 강한지 알 수 없다.

202. **Do one thing every day that scares you.**
너를 두렵게 하는 걸 매일 한 가지씩 해라.

203. **The future belongs to those who believe in the beauty of their dreams.** 미래는 꿈의 아름다움을 믿는 사람들의 것이다.

204. **Learn from the mistakes of others. You can't live long enough to make them all yourself.**
다른 사람들의 실수에서 배워라. 모든 실수를 다 해 볼 만큼 충분히 오래 살 수는 없다.

205. **You can often change your circumstances by changing your attitude.** 당신의 태도를 바꾸는 것에 의해 당신의 상황을 바꿀 수 있다.

206. **If someone betrays you once, it's their fault ; if they betray you twice, it's your fault.** 만일 누군가 당신을 한 번 배신하면 그건 그들의 잘못이다 ; 그들이 당신을 두 번 배신하면 그건 당신의 잘못이다.

207. **Beautiful young people are accidents of nature, but beautiful old people are works of art.** 아름다운 젊은이들은 우연한 자연현상이지만 아름다운 노년(나이 든 사람들)은 예술작품이다.

207. **To handle yourself, use your head; to handle others, use your heart.**
자신을 다스리려면 머리를 써라. 다른 사람들을 다스리려면 심장을 써라.

209. **Happiness is not a goal. it's a by-product of a life well lived.**
행복은 목표가 아니다. 그것은 잘산 삶의 부산물이다.

210. **Work is always an antidote to depression.** 일은 우울의 해독제이다.

211. **It is better to light a single candle than to curse the darkness.**
어둠을 저주하지 말고 하나의 촛불을 밝히는 편이 낫다.

212. **I am who I am today because of the choices I made yesterday.**

오늘의 나는 어제의 나의 선택이다. (나는 나이다. 어제 내가 했던 선택 때문에)

213. **Yesterday is history. Tomorrow is a mystery. Today is a gift. That's why it is called the present.** 어제는 역사이다. 내일은 미스터리다. 오늘은 선물(gift)이다. 그래서 선물(present)이라 불린다. (present 선물, 현재)

214. **If life were predictable it would cease to be life, and be without flavor.** 만일 인생이 예측가능하다면 그것은 더 이상 인생이 아니다. 그리고 그것은 풍미도 없다.

215. **No one can make you feel inferior without your consent.** 네 허락 없이 아무도 너를 열등하게 느끼도록 만들 수는 없다.

216. **Honesty is the best policy.** 정직이 최상의 방책이다.

217. **A man is known by the company he keeps.** 사람은 함께 다니는 친구에 의해 알려진다.

218. **No news is good news.** 무소식이 희소식이다.

219. **The early bird catches the worm.** 일찍 일어나는 새가 먹이를 잡는다.

220. **Never put off till tomorrow what you can do today.** 오늘 할 수 있는 일을 내일까지 미루지 마라.

221. **It is no use crying over spilt milk.** 엎질러진 우유에 울어 보았자 소용없다.

222. **Hunger is the best sauce.** 배고픔은 최고의 소스이다.

223. **Too many cooks spoil the broth.** 너무 많은 요리사가 수프의 맛을 망친다.

224. **A bird in the hand is worth two in the bush.** 손안에 든 한 마리 새가 덤불 숲 속 두 마리 새의 가치가 있다.

225. **Two heads are better than one.** 두 개의 머리가 하나보다 낫다.

226. **Make hay while the sun shines.** 햇볕이 날 때 건초를 만들어라.

227. **Everybody's business is nobody's business.** 모든 이의 책임은 어느 누구의 책임도 아니다.

228. **Where there is a will, there is a way.** 뜻이 있는 곳에 길이 있다.

229. **Heaven helps those who help themselves.** 하늘은 스스로 돕는 자를 돕는다.

230. **Necessity is the mother of invention.** 필요는 발명의 어머니이다.

231. **Birds of a feather flock together.** 같은 색깔의 깃털을 가진 새들끼리 모인다.

232. **There is no smoke without fire.** 불 없이는 연기 없다.

233. **If you can't stand the heat, get out of the kitchen.** 열을 견뎌낼 수 없다면, 부엌에서 떠나라.

234. **A drowning man will catch at a straw.** 물에 빠진 사람은 지푸라기라도 잡는다.

235. **Don't count your chickens before they are hatched.**
알이 부화가 되기도 전에 병아리의 숫자를 세지 마라.

236. **A stitch in time saves nine.** 제때에 한 땀이, 아홉 땀 꿰맬 수고를 덜 수 있다.

237. **When in Rome, do as the Romans do.** 로마에 있을 때는 로마인들이 하듯이 해라.

238. **A rolling stone gathers no moss.** 구르는 돌에는 이끼가 끼지 않는다.

239. **A friend in need is a friend indeed.** 곤란할 때의 친구가 진정한 친구이다.

240. **There is no rule without exceptions.** 예외 없는 규칙은 없다.

---

241. **I know what you mean.** 무슨 말인지 알겠어요.

242. **I have to make a decision.** 나는 결정을 해야 해요. (make a decision 결정하다)

243. **I have to make a choice.** 나는 선택을 해야 해요. (make a choice 선택하다)

244. **This is for you.** 이것은 당신을 위한 것입니다.

245. **It's an emergency.** 긴급사태입니다.

246. **Let's eat out tonight.** 오늘 저녁엔 외식하자. (밖에서 먹자)

247. **You'd better watch out.** 너는 조심하는 것이 좋겠다.

248. **I'd like a slice of pizza, please.** 피자 한 조각 주세요. (주문할 때)

249. **I heard you're moving.** 당신이 이사한다고 들었어요.

250. **I'm sorry about what I said.** 내가 한 말에 대해 사과드릴게요.

---

251. **I am scared to death.** 난 무서워 죽겠어요.

252. **Give me a call.** 제게 전화 주세요.

253. **Many thanks in advance.** 미리 감사드려요. (in advance 미리)

254. **It is painful for me.** 그것은 나에게 아픈 일입니다.

255. **Cash or charge?** 현금 아니면 카드?

256. **He hung up on me.** 그는 그냥 뚝 끊었어. (hung up on 일방적으로 전화를 끊다)

257. **You're under arrest.** 당신을 체포합니다. (당신은 체포 아래에 있습니다)

258. **R.I.P** 편히 잠드세요. (명복을 빌 때 쓰는 말- Rest in peace)

259. **So what?** 그래서 뭐?

260. **How many times do I have to say?** 몇 번이나 말해야 하죠?

---

261. **That'll be all.** 됐어요. (그게 다예요)

262. **Don't miss the boat.** (보트를 놓치듯이) 기회를 놓치지 마세요.

263. **We're perfect for each other.** 우린 천생연분이에요. (우리는 서로에게 완벽해요)
264. **Apology accepted.** 사과 받아줄게. (받아들여진 사과)
265. **Just do the right thing.** 그냥 옳은 일을 해.
266. **She came on to me.** 그 여자가 먼저 유혹했어요. (그 여자가 나에게 다가왔다)
267. **You're fired.** 당신 해고야.
268. **Sounds good.** 듣기에 좋아요.
269. **Keep it confidential.** 비밀로 해 주세요.
270. **Pretty good!** 정말 좋아요.

---

271. **I want it all.** 나는 전부 원해요.
272. **Have you been to Paris?** 파리에 가 본 적이 있어요?
273. **Could you help me out?** 저를 좀 도와줄래요?
274. **Don't let me down.** 나를 실망시키지 말아요. (let down 실망시키다)
275. **I can't say for sure.** 확실히는 말 못 하겠어요.
276. **Feel free to give me a call if there are any problems.**
    문제 있으면 전화 주세요. (feel free to 편하게 ~ 하다)
277. **No way.** 절대 안 돼요.
278. **I swear to God.** 하나님께 맹세합니다.
279. **Shoot!** 말해 봐요. (쏴요!)
280. **He didn't show up.** 그는 나타나지 않았어요.

---

281. **Long time no see.** 오랜만이야.
282. **She is so stuck-up.** 그녀는 거만해요.
283. **I will miss you.** 난 너를 그리워할 거야.
284. **I don't think so.** 그렇게 생각지 않는다.
285. **Don't go too far.** 너무 앞서 가지 마. (너무 멀리 가지 마)
286. **I am broke.** 난 빈털터리야.
287. **He was born with a silver spoon in his mouth.**
    그는 부유한 집안에서 태어났다. (그는 은수저를 물고 태어났다)
288. **It's up to you.** 너한테 달렸어.
289. **How come it's not working?** 왜 그것은 작동하지 않나요?
290. **This is just between you and me.**
    우리들끼리의 비밀이에요. (이것은 단지 당신과 나 사이에 있는 것입니다)

291. **I will never make it on time.** 나는 제시간에 못 갈 거예요. (make it 시간 맞춰 가다)

292. **Now you're talking my language.**
이제야 나랑 말이 통하는구나. (지금 너는 나의 언어를 말하고 있다)

293. **I'm speechless.** 뭐라 할 말이 없다.

294. **Have we met by any chance?**
혹시 우리 만난 적 있나요? (by any chance 만약에, 혹시)

295. **Either will do.** 둘 중 어느 것이든 괜찮아.

296. **You name it.** 말씀만 하세요. (당신은 이름을 말하세요)

297. **I can't get her out of my mind.**
그녀를 잊을 수가 없어요. (그녀를 내 마음에서 내보낼 수 없어요)

298. **I'm not cut out for this.** 이건 내 체질엔 안 맞아. (cut out for 적합하다)

299. **You asked for it.** 네가 자초한 거야. (네가 그것을 요구했어)

300. **What do you mean?** 무슨 의미지요?

301. **Cut it out!** 그만해! (잘라 버려)

302. **Stop fooling around.** 장난하지 마!

303. **Level with me.** 나한테 털어놔 봐. (level with 솔직하게 털어놓다)

304. **Get it out in the open!** 터놓고 얘기해! (열린 공간에 가지고 나와)

305. **I got cold feet.** 나 겁먹었어. (나는 차가운 발을 가지고 있어)

306. **Don't make a scene.** 야단법석 떨지 마

307. **I'm all ears.** 잘 듣고 있어. (나는 전부 귀야)

308. **How should I put this?** 이걸 어떻게 말할까?

309. **in a nutshell** 간단히 말하면 (nutshell 견과류의 껍질, 매우 작은)

310. **Give it to me straight.** 단도직입적으로 말해 줘. (그걸 나에게 똑바로 줘)

311. **pissed off** 화가 나는, 짜증 나는

312. **out of spite** 악의로

313. **I stand behind it.** 내가 보증할게. (내가 그 뒤에 설게)

314. **safe and sound** 무사히

315. **learn by heart** 암기하다 (심장으로 익히다)

316. **Take it or leave it.** 받아들이든지 말든지. (받아들이든지 떠나든지)

317. **Let's give a big hand.** 힘찬 박수를 보냅시다.

318. **Let's flip a coin.** 동전 던지기로 결정하자. (동전 던지자)

319. **Go ahead.** 계속해. (앞으로 가)

320. **Look who's talking!** 사돈 남 말 하네. (누가 얘기하는지 봐!)

---

321. **You're busted.** 너 딱 걸렸어. (bust 부수다, 급습하다)

322. **Backs are against the wall.** 어려운 상황에 있다. (등을 벽에 반대로 대고 있다. 코너에 몰린 상황)

323. **pull some strings** 영향력을 발휘하다 (끈을 당기다)

324. **eat one's word** 앞서 한 말을 취소하다 (말을 먹어 버리다)

325. **I'm at a loss.** 나는 어쩔 줄을 모르겠어. (loss 손실)

326. **Don't tell me!** 설마! (나에게 말하지 마!)

327. **Don't drop the ball this time.** 이번에는 실수하지 마. (이번에는 공을 놓치지 마)

328. **My bad.** 내 실수야. (나의 잘못)

329. **I'll give it a try.** 시도해 볼게요.

330. **throw money down the drain** 돈을 물 쓰듯 쓰다 (돈을 배수관에 던지다)

---

331. **I broke even.** 난 본전이야. (even 평등한, 동등한)

332. **go through the roof** 최고에 달하다 (지붕을 뚫다)

333. **Bring it on.** 덤벼.

334. **Every dog has his day.** 쥐구멍에도 볕 들 날 있다. (모든 개는 그의 날을 가진다)

335. **Look on the bright side.** 긍정적으로 생각해. (밝은 쪽을 보아라)

336. **get the most out of** 최대한 활용하다

337. **to make matters worse** 설상가상으로 (일들을 더욱 나쁘게 만들며)

338. **as far as I am concerned** 내 입장에서는 (내가 관련된 한에서는)

339. **at all costs** 어떤 희생을 치르더라도 (모든 비용으로)

340. **First come, first serve.** 선착순이야.

---

341. **Help me out.** 나를 도와줘.

342. **This is on me.** 이건 내가 낼게.

343. **I mean it.** 진심이야. (나는 그것을 의미해)

344. **It's a deal!** 그렇게 합시다.

345. **That's not fair.** 너무해. (공평하지 않아)

346. **Hear! Hear!** 옳소!

347. **I'm telling you!** 정말이야. (나는 너에게 말하는 중이야)
348. **I had no choice.** 어쩔 수 없었어. (나는 선택이 없었어)
349. **Shame on you.** 부끄러운 줄 알아.
350. **Pull yourself together.** 기운 차려. (너 자신을 모두 끌어당겨)

351. **I nailed it.** 성공했어. (나는 못질을 했어)
352. **Don't boss me around.** 이래라 저래라 하지 마. (보스 행세하지 마)
353. **Stop calling me names.** 욕하지 마. (call names 욕하다)
354. **I know you?** 저 아세요? (내가 당신을 알아요?)
355. **You do the math.** 한번 생각해 봐. (수학을 해 봐)
356. **I'm not in the mood.** 그럴 기분이 아니야. (나는 그 기분 속에 있지 않아)
357. **Take it easy.** 편하게 마음을 가져.
358. **Is it just me?** 나만 그런가?
359. **Hang in there.** 조금만 참아. (거기에서 매달려 있어)
360. **Why should I?** 내가 왜 그래야 해?

361. **Get a life!** 정신 차려!
362. **Would you please pass me the salt?** 소금 좀 건네주실래요?
363. **I have to run.** 서둘러 가야 해요. (나는 뛰어야 해요)
364. **I have to make the deadline.** 마감시간에 맞추어야 해요.
365. **I know how you feel.** 네 기분을 알아. (나는 네가 어떻게 느끼는지 알아)
366. **Stick around.** 가지 말고 거기에 있어.
367. **freak out** 기절초풍하다
368. **Fight like cats and dogs** 심하게 싸우다 (고양이와 개처럼 싸우다)
369. **It gives me the creeps.**
소름 끼쳐. (뭔가 기어오르는 것 같은 느낌이 있다, creep 기어가다)
370. **I need a haircut.** 머리카락을 잘라야겠다.

371. **Sorry for the inconvenience.** 불편을 끼쳐서 죄송합니다.
372. **bridge the gap** 격차를 줄이다 (bridge 다리, 다리를 놓다)
373. **Do you think this looks good on me?**
이것이 나한테 어울린다고 생각해? (looks good on 어울리다)
374. **Let's set a date.** 날짜를 정하자.

부사 · 숙어

375. **Don't sweat it too much.** 너무 걱정하지 마. (너무 땀 흘리지 마)

376. **That's a cheap shot.** 치사하다. (그건 값싼 발사야)

377. **It takes a lot of hard work.** 아주 열심히 노력하지 않으면 안 된다.

378. **What a mess!** 왜 이렇게 어수선해! (mess 엉망, 엉망으로 만들다)

379. **How's your father doing?** 아버님은 어떻게 지내시니?

380. **Let it go.** 잊어버려. 그걸로 됐다. (그것을 가게 해)

---

381. **face the music** 벌을 받다, 책임지다 (음악을 직면하다)

382. **Go easy.** 서두르지 마. (쉽게 가)

383. **Break a leg.** 행운을 빌어. (다리를 부러뜨려 - 반어법)

384. **Drop me a line.** 연락 좀 해. (나에게 한 줄 떨어뜨려)

385. **get wind of** 눈치채다, (풍문으로) 우연히 알게 되다

386. **Why didn't I think of that?** 왜 그걸 생각 못 했지?

387. **take a rain check**
다음으로 미루다 (a rain check 경기, 공연 등이 비 때문에 지연되는 경우에 주는 티켓)

388. **the pros and cons** 찬반양론, 장단점

389. **Don't push me!** 너무 강요하지 말아요. (나를 밀지 마)

390. **What's the occasion?** 무슨 일인데?, 오늘이 무슨 날이야?

---

391. **Go on, please.** 어서 계속하세요

392. **I am getting hungry.** 배가 슬슬 고파 오는데요.

393. **Sleep tight!** 잘 자!

394. **No wonder** 어쩐지 그래서, 당연하다 (놀랄 일 없다)

395. **Let's go over it one more time.** 자, 한 번 더 살펴보지요.

396. **It's my turn.** 이번에 내 차례입니다.

397. **Nothing much** 별거 없이

398. **Something is fishy.** 뭔가 이상한데. (fishy 생선 냄새가 나는, 수상한)

399. **Let's split the bill.** 나누어서 내지요. (계산서를 쪼갭시다)

400. **I will do it for you.** 제가 해 드리지요.

---

401. **Cheers!** 건배

402. **Don't get upset.** 너무 화 내지 말아요.

403. **I feel sick** 속이 느글거려. (나는 아프게 느껴)

404. **Is this what you wanted?** 당신이 원했던 것이 아닌가요?

405. **Call me Sam, please.** 샘이라고 불러 주세요.

406. **Could you get me another beer?** 나한테 맥주 한 잔 더 줄래요?

407. **What a shame!** 창피한 일이네!

408. **A piece of cake.** 식은 죽 먹기지요. (케이크 한 조각)

409. **How come you can't go?** 도대체 왜 갈 수 없니? (how come 도대체 왜)

410. **Why don't you come along?**
너도 같이 가는 게 어때? (Why don't you ~하는 게 어때?)

---

부사 · 숙어

411. **Thanks for everything.** 여러 가지로 고마워요.

412. **This sounds scary.** 무서울 것 같다. (이것은 무섭게 들려)

413. **I'm worried about you.** 너에 대해 걱정하고 있어.

414. **Any good ideas?** 무슨 좋은 생각 있어요?

415. **I wish you all the best.** 모든 일이 잘되기를 바랍니다. (모든 최고를 기원해요)

416. **Enough is enough.** 이제 그만해. (충분은 충분이다)

417. **Come and get it.** 와서 드세요. (와서 가지세요)

418. **Enjoy your meal.** 맛있게 드세요. (당신의 식사를 즐기세요)

419. **Better than nothing.** 없는 것보다 낫지요.

420. **Better late than never.** 늦는 것이 안 하는 것보다 낫지요.

---

421. **He lost his tongue.** 그는 아무 말도 못 했어. (그는 그의 혀를 잃어버렸어)

422. **Just hang loose.** 마음 편하게 먹어. 걱정하지 마. (느슨하게 해)

423. **He's always the first one to break the ice.**
그가 항상 분위기를 띄워. (break the ice 어색한 분위기를 깨다)

424. **It was a fabulous party.** 정말 멋진 파티였어.

425. **I hope it's OK with you.** 네가 좋다고 하면 좋겠다.

426. **He is a cold fish.** 그는 냉혈한이야. (cold fish 냉담한 사람)

427. **Are you free today?** 오늘 한가하니?

428. **I'm in the dog house.** 요즘 곤란한 일이 좀 있어. (나는 개집에 있어)

429. **Hit the sack.** 가서 자. (봉지를 때려, sack 부대, 봉지)

430. **You have to get on with it.** 서둘러야겠어. (get on with it 계속하다, 서두르다)

---

431. **I'm in deep shit.** 큰일 났네. (나는 깊은 대변 속에 있어)

432. **Don't freak out.** 흥분하지 마.

433. **The information was rubbish.** 그 정보는 쓸모없었어. (rubbish 쓰레기, 헛소리)

434. **I pulled an all-nighter.** 나 밤새웠어. (pull an all-nighter 밤샘공부를 하다)

435. **He is a geek.** 그는 괴짜야.

436. **Can I give you a hand?** 도와드릴까요? (제가 손을 드릴까요?)

437. **Can I take a message?** 메시지를 받아 드릴까요?

438. **It looks like it's going to rain.** 비가 올 것 같다.

439. **How long does it take on foot?** 걸어서 얼마나 걸리지요?

440. **Do you mind?** 상관없어요?

441. **Do I make myself clear?**
내 말이 무슨 말인지 알겠어요? (내가 나를 명쾌하게 만들었어요?)

442. **I'm with you.** 동감이에요. (나는 당신과 함께 있어요)

443. **Big time.** 최고 수준, 일류의

444. **I feel the same way.** 나도 그렇게 생각해.

445. **Don't be a smart-ass.** 건방지게 굴지 마.

446. **It isn't worth the trouble.** 그럴 가치가 없어. (문제를 일으킬 만한 가치가 없어)

447. **just for fun** 그냥 재미로

448. **Doing okay?** 잘 지내? 괜찮아?

449. **Back off!** 비켜

450. **I get your point.** 알겠어요. (나는 당신의 요점을 잡았어요)

451. **If you don't mind** 당신이 괜찮다면 (당신이 꺼리지 않는다면)

452. **We need to talk face to face.** 우리는 직접 만나서 이야기할 필요가 있다.

453. **Bite me.** 배 째. (나를 물어뜯어)

454. **Keep talking.** 계속 이야기해 봐.

455. **I was frustrated with you!** 너한테 실망했어.

456. **Look out!** 조심해!

457. **I got a crush on you.** 너를 좋아해. (get a crush on~ ~를 좋아하다)

458. **Let's get started.** 자 시작하자.

459. **Let's get together sometime.** 조만간 한번 보자.

460. **I get the picture.** 알겠습니다. (나는 그림을 잡았어요)

461. **He's an easy-going person.** 그는 성격이 좋은 사람이야. (그는 쉽게 가는 사람이야)
462. **How can you say that?** 어떻게 그렇게 말할 수 있어?
463. **He asked me out.** 그가 데이트 신청했어. (그가 나가자고 요청했어)
464. **Get out of my way.** 비켜.
465. **How could this happen?** 어떻게 이럴 수가 있니? (어떻게 이것이 일어날 수가 있니?)
466. **He has got a big mouth.** 그는 입이 엄청 싸. (그는 큰 입을 가지고 있어)
467. **Get real.** 정신 차려. (현실적으로 되어라)
468. **Don't tell me.** 설마! (나에게 말하지 마!)
469. **Cut me some slack.** 좀 봐줘요, 너무 몰아붙이지 마요. (나에게 느슨함을 잘라 주세요)
470. **I am afraid so.** (안타깝게도) 그런 것 같아.

471. **I dropped the ball.** 큰 실수를 했어. (나는 공을 떨어뜨렸어)
472. **I can't complain.** 잘 지내. (나는 불평할 수 없어)
473. **No offense.** 악의는 없었어, 기분 나빠하지 마.
474. **Please get it done by tomorrow.**
내일까지 마무리해 주세요. (그것이 내일까지 되도록 해 주세요)
475. **I am ashamed of you.** 부끄러운 일이야. (나는 너에 대해 부끄러워)
476. **I am working on it.** 지금 하고 있어.
477. **Take care!** 헤어질 때 인사말 (조심해)
478. **I don't want to argue with you.** 나는 너와 말다툼하고 싶지 않아.
479. **Watch your tongue!** 말조심 해. (혀를 지켜봐)
480. **Nobody knows.** 아무도 몰라.

481. **Family comes first.** 가족이 우선이야. (가족이 처음으로 와)
482. **I'm coming down with a cold.** 감기 기운이 있어. (나는 감기와 함께 내려오는 중이야)
483. **All I need is an answer.** 나는 대답만 들으면 돼. (내가 원하는 전부는 답이야)
484. **Don't cut in line.** 새치기하지 마세요. (줄 속으로 자르지 마세요)
485. **Just let me help him.** 그냥 그 사람을 돕게 해 주세요.
486. **I cried my eyes out.** 펑펑 울었어. (눈이 빠져 나오도록 울었어)
487. **How often do you wash your hands?** 손은 얼마나 자주 씻으세요?
488. **I'll give you a ride.** 내가 태워다 줄게. (내가 태워줌을 줄게)
489. **You'll have to get a job.** 당신은 일자리를 구해야 할 거예요.
490. **I know what I'm doing.** 내가 알아서 하고 있어. (나는 내가 무엇을 하고 있는지 알아)

491. **I don't know if I can forgive.** 내가 용서할 수 있을지 모르겠어.

492. **Fill out this form.** 이 양식을 작성해 주세요. (fill out 신청서에 기입하다)

493. **Have a heart.** 좀 베풀어라. (심장을 가져라)

494. **Go easy on him.** 걔한테 너무 그러지 마. (그에게 쉽게 해)

495. **I fell for it again.** 내가 또 속았어. (fall for 속아 넘어가다)

496. **I was so moved.** 감동이었어. (나는 움직여졌어)

497. **empty suit** 속 빈 강정. 빈 수레 (빈 정장)

498. **umbrella term** 포괄어 (우산 용어)

499. **You missed the boat.** 한 발 늦었네. (너는 배를 놓쳤어)

500. **I feel sorry for the orphans.**
그 고아들이 안됐어요. (그 고아들에게 유감, 미안함을 느껴요)

# Dating Game 단어

목록 1

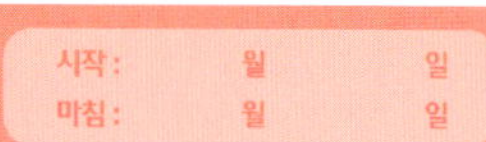




① 아래 목록에 있는 『Dating Game』 단어들을 사전에서 찾아 읽어 보면서 색칠한다. 기존에 사전에 칠했던 것과 다른 색깔의 색연필을 선택한다.

② 사전에 색칠을 다 한 다음에 단어를 줄 노트에 한 번씩 쓴다. 이때 영어 단어만 쓴다.

③ 사전 색칠은 시작한 뒤 되도록 3~4일 안에 끝낸다. 『Dating Game』 단어들을 노트에 먼저 쓰고 사전에 색칠해도 좋다.

④ 목록에 있는 동사들은 원형이 아닌 경우도 종종 있다. 노트에 베껴 쓸 때는 그대로 베껴 주고 사전에서는 원형으로 찾는 것이 좋다.

## Chapter 1

1. balmy
2. irresistible
3. vanish
4. literally
5. stroll
6. stretch
7. redone
8. rare
9. caterer
10. particular

11. indulge
12. myriad
13. flown
14. aspect
15. land
16. barely
17. gofer
18. admit
19. thrill
20. diaper

21. carpool
22. properly
23. reliable
24. eclectic
25. assortment
26. peony
27. immaculate
28. gleam
29. provide
30. impeccable

31. atmosphere
32. flourish
33. lucrative
34. decorator
35. tease
36. regret
37. competent
38. devote
39. orthodontist
40. extensive

41. snuggle
42. beneath
43. wintry
44. dilemma
45. figure
46. splash
47. entirely
48. unreservedly
49. sadden
50. underprivileged

51. productive
52. prospect
53. vast
54. figure
55. attend
56. rupture

57. sophisticate
58. season
59. pull back
60. ignite

61. delight
62. practical
63. amuse
64. quieter
65. commute
66. consume
67. demand
68. profound
69. diligence
70. admire

71. workload
72. invest
73. interfere
74. seldom
75. unwind
76. stuck
77. rigidly
78. enforce
79. devote
80. devoted

81. glance
82. afterward
83. piercing
84. bun
85. athlete
86. wisely

87. kick up
88. magnet
89. momentarily
90. sheepish

91. dash
92. grin
93. unsupervised
94. relent
95. incident
96. suspect
97. meaning
98. meaningful
99. meaningfully
100. curfew

101. heartily
102. rely on
103. nod
104. oblige
105. incident
106. amnesty
107. circumstance
108. exhaust
109. wipe
110. merger

111. rough
112. relieve
113. sip
114. impeccable
115. inheritance
116. admire

117. infertility
118. treatment
119. Fate tailor
120. strain

121. intention
122. tough
123. sympathetically
124. tense
125. sip
126. assume
127. obvious
128. initiate
129. accordingly
130. stood up

131. unwind
132. rough
133. quieter
134. subdue
135. loosen
136. litigate
137. litigator
138. insecure
139. neat
140. pin

141. distract
142. presumably
143. diagnose
144. reassure
145. agony
146. bomb

147. overwhelm
148. overwhelming
149. pound
150. cushion

151. decency
152. insane
153. divorce
154. bury
155. rotten
156. trap
157. shrill
158. enormous
159. tragedy
160. occur

161. at stake
162. beat
163. decent
164. panic
165. clutch
166. throat
167. traumatic
168. cherish
169. distraught
170. deserve

171. entry
172. mislead
173. sway
174. abandon
175. amaze
176. occur

177. naively
178. devastate
179. furious
180. frantic
181. instinct
182. instinctive
183. instinctively
184. grab
185. vanish
186. stiffly
187. forlorn
188. get rid of
189. horrify
190. indignity
191. illegitimate
192. despair
193. sacred
194. apparently
195. stare
196. evoke

## Chapter 2

1. utter
2. splendor
3. insult
4. insultingly
5. trap
6. surreal
7. coherently
8. beaten
9. streak
10. frown
11. patch
12. divorce
13. vanish
14. politely
15. mist
16. insanity
17. grim
18. stern
19. humiliation
20. strain
21. midst
22. in the midst
23. affair
24. preserver
25. desperately
26. bluntly
27. drift
28. chop
29. liable
30. remorseful
31. at stake
32. precisely
33. fabulous
34. stream
35. parlor
36. ailing
37. eerily
38. pat
39. core
40. fiber
41. bury
42. uncontrollably

## Chapter 3

1. insane
2. rattle
3. anguish
4. rotten
5. immaculate
6. distraught
7. nod
8. wallow
9. hook
10. ruffle
11. feather
12. harsh
13. stun
14. bar
15. clung
16. hover
17. choke
18. suck
19. occur
20. moderately
21. insult
22. dread
23. grim
24. burden
25. gratefully
26. tarnish
27. stick
28. apologetically
29. insight
30. terminal
31. shriek
32. gun
33. scary
34. deny
35. humiliate
36. disheartened
37. relieve
38. unfailing

39. fraction
40. dreadful

41. furious
42. nutcase
43. bluntly
44. Regency
45. fume
46. grief
47. sternly
48. weird
49. stung
50. sibling

51. faint
52. sane
53. rational
54. accuse
55. accusatory
56. surprisingly
57. inquire
58. punch
59. fit
60. deserve

61. bury
62. dash
63. tactfully
64. fish
65. insensitive
66. cavalier
67. hesitate
68. arouse
69. suspicion
70. evasive

71. assume
72. tragic
73. soothe
74. undimmed
75. pursue
76. figure
77. loyally
78. self-centered
79. admit
80. decent

81. drag
82. demon
83. somberly
84. dodge
85. horrify
86. proper
87. occur
88. upstanding
89. abruptly
90. sympathetically

91. glum
92. abandon
93. trauma

## Chapter 4

1. hoarse
2. groggy
3. discreetly
4. fear
5. horrify
6. exempt
7. gut
8. retreat
9. sought
10. doubt

11. psych
12. frown
13. meaningfully
14. humiliate
15. retain
16. bode
17. parachute
18. bouquet
19. intrude
20. seemingly

21. anxious
22. assured
23. seclusion
24. pale
25. impeccably
26. ravage
27. conceal
28. distress
29. poise
30. handful

31. surprisingly
32. defeat
33. defeated
34. solicitous
35. exhausted
36. frail
37. brittle
38. dredge
39. strain
40. estrange

41. haunt
42. identity
43. abandon
44. albeit
45. anxious
46. awkward
47. constant
48. tease
49. insist
50. umbilical

51. chunk
52. utterly

53. bereft
54. afterward
55. faintly
56. embarrassed
57. severe
58. tuberculosis
59. toll
60. perfidy

61. visible
62. haunting
63. brutal
64. fumble
65. startle
66. shrink
67. chronic
68. immeasurably
69. fold
70. slip

71. traumatic
72. esteem
73. psyche
74. ass
75. drool
76. profound
77. suicide
78. suicidal
79. definitely
80. doldrums

81. center
82. pathetic
83. breed
84. damn
85. strung
86. exorcist
87. doorstep

## Chapter 5

1. cozy
2. manicured
3. quaint
4. stern
5. intellectual
6. fairly
7. impeccable
8. matron
9. psychiatrist
10. sanctum

11. airy
12. beige
13. startle
14. intrigue
15. straightforwardness
16. pretension
17. lackluster
18. recognize
19. relieve
20. piecemeal

21. verbatim
22. drain
23. exhausted
24. lance
25. drain
26. embarrassed
27. hash
28. objective
29. crisis
30. halfway

31. occur
32. root
33. shrink
34. confidantes
35. prior
36. prompt
37. dust
38. tides
39. duffel
40. resist

41. nurture
42. avoid
43. respectable
44. generous
45. conscience
46. assume
47. twinkle
48. threw
49. warn
50. mischief

51. delighted
52. curious
53. startle
54. enthusiastic
55. trot
56. notion
57. inquire
58. intrigue
59. blithely
60. valiantly

61. disrupt
62. cautiously
63. admit
64. uncertain
65. shift
66. in shift
67. fallback
68. awkward
69. hesitantly
70. thoughtfully

71. drastic
72. lack
73. destination
74. brace
75. fate
76. whistle
77. parachute

## Chapter 6

1. treasure
2. ache
3. apparently
4. dread
5. gait
6. determine
7. scarcely
8. brace
9. overwhelming
10. enormity

11. daunt
12. daunting
13. prefer
14. preferred
15. awkward
16. steel
17. presumably
18. propriety
19. dimension
20. engage

21. absurd
22. irreversibly
23. dare
24. daring
25. hurt
26. hurting
27. healthy
28. healthier
29. turf
30. afterward

31. lick
32. wound
33. stretch
34. increasingly
35. squirm
36. proximity
37. ache
38. fathom
39. broader
40. spat

41. pretend
42. excruciate
43. excruciatingly
44. mercifully
45. perspire
46. perspiring
47. downhill
48. wholesome
49. emotional
50. bulletin

51. flier
52. generously
53. drain
54. wipe
55. damn
56. agony
57. trivia
58. irrelevant
59. disintegrate
60. attic

61. cherish
62. somber
63. somberly
64. awfully
65. admire
66. dignity
67. deserve

## Chapter 7

1. stuck around
2. awkward
3. head down
4. be willing to
5. frail
6. disastrous
7. brilliantly
8. anxious
9. humiliate
10. embarrass

11. bustling
12. provincial
13. bohemian
14. suburb
15. atmosphere
16. looser
17. scurry
18. frantic
19. demand
20. fixture

21. coil
22. drape
23. lit
24. fascinate
25. swirl
26. relax
27. relaxed
28. poise
29. poised
30. gorgeous

31. feature
32. intrigue
33. intriguing
34. subside
35. subsidy
36. fridge
37. vaguely
38. sadden
39. bolster
40. worn

41. halter
42. decent
43. subtlety
44. sip
45. strife

46. peer
47. weird
48. glint
49. dignity
50. convince
51. commune
52. martial
53. credible
54. exotic-looking
55. slope
56. exotically
57. physique
58. enthrall
59. panicked
60. oblivious
61. attempt
62. blank
63. regularly
64. macrobiotic
65. relief
66. rhapsodic
67. sense
68. suck
69. sucked
70. sheepish
71. herbal
72. enemas
73. collapse
74. certainly
75. fascinating
76. weirdo
77. reassure
78. reassuring
79. limited
80. lobby
81. convert
82. conservative
83. tease
84. constantly
85. decent
86. shame
87. uproot
88. tempting
89. confess
90. examine
91. firm
92. avoid
93. gaze
94. stubbornly
95. profoundly
96. version
97. enthusiasm
98. duly
99. roll
100. harmless
101. definitely
102. departure
103. engulf
104. drift

## Chapter 8

1. nonexistent
2. relentlessly
3. stubborn
4. stubbornly
5. sternly
6. regularity
7. bond
8. depend
9. pursuit
10. pout
11. assignment
12. baffle
13. chord
14. victoriously
15. utterly
16. ridiculous
17. gliding
18. decent
19. amaze
20. spin
21. pastime
22. vastly
23. newfound
24. expertise
25. admiringly
26. hardly
27. underscore
28. agonize
29. festive
30. generous
31. mature
32. noticeably
33. monopolize
34. festive
35. scene
36. ease
37. at ease
38. stiff
39. stiffer
40. loosen
41. sip
42. drumroll
43. blurt
44. remotely
45. occur
46. fait accompli
47. chalk
48. crest
49. crestfallen
50. barely
51. spin
52. owe

53. insane
54. grateful
55. sensitivity
56. somber
57. stern
58. justify
59. excuse
60. attend

..........

61. circumstance
62. stern
63. assume
64. devastate
65. choke
66. anxiousness
67. adore
68. adorable
69. occur
70. reduce

..........

71. hysteric
72. suicide
73. suicidal
74. lap
75. vaguely
76. flew
77. blew
78. blow
79. blow one's nose
80. devastate

..........

81. stunned
82. naive
83. cling
84. innocent
85. despair
86. dismissively
87. casual
88. towheaded
89. squirming
90. resemblance

..........

91. strike
92. striking
93. compliment
94. casually
95. curious
96. be aware of
97. fateful
98. warn
99. splendid
100. nanny

..........

101. choke
102. rapid
103. stride
104. hasty
105. upset
106. behave
107. bite
108. swallow
109. rift
110. presumably

..........

111. dissuade
112. desperately
113. hail
114. cab
115. succumb
116. cowardice
117. nonetheless
118. sped
119. tousle
120. force

..........

121. illusion
122. cling

## Chapter 9

1. glaze
2. phantom
3. drift
4. drifting
5. assess
6. rough
7. Thorazine
8. harbor
9. doom
10. shit

..........

11. bet
12. ought
13. reassuring
14. utterly
15. decent
16. profoundly
17. despair
18. irrelevant
19. mantra
20. recluse

..........

21. med
22. firmly
23. glare
24. scowl
25. impending
26. blurt
27. figure
28. dread
29. nurture
30. providence

..........

31. aromatherapist
32. fabulous
33. harm
34. sanity
35. antidepressant
36. determine
37. medication
38. wholesome
39. alternative
40. ethereal

..........

41. irritate

42. irritating
43. aromatherapy
44. apparently
45. cancellation
46. providentially
47. hesitate
48. offer
49. voodoo
50. ridiculous

51. sheepishly
52. cornrow
53. tiny
54. woven
55. skepticism
56. seance
57. be aware of
58. wand
59. abruptly
60. block

61. blockage
62. lodge
63. kidney
64. extremely
65. bitter
66. seance
67. firmly
68. impending
69. get rid of
70. victorious

71. ridiculous
72. reassure
73. demon
74. intestine
75. vegan
76. colonic
77. contemplate
78. thereafter
79. despite
80. extremely

81. basted
82. cluck
83. despair
84. alleged
85. melt
86. blade
87. rip
88. cupping
89. toxin
90. apparently

91. suction
92. popping
93. squirm
94. dare
95. mercifully
96. knead
97. buttock
98. rock
99. beyond bearing
100. trick

101. sole
102. intestine
103. torture
104. sear
105. pungent
106. votive
107. choke
108. fume
109. purity
110. engulf

111. flame
112. wreak
113. havoc
114. permeate
115. arsenic
116. clove
117. overwhelming
118. agony
119. sect
120. swallow

121. concentrate
122. incense
123. fascination
124. suck
125. sneeze
126. concede
127. defeat
128. allergic
129. slap
130. firmly

131. swung
132. faucet
133. daunting
134. suspicion
135. overpowering
136. bathe
137. absurd
138. dutifully
139. bruise
140. symmetrical

141. cupping
142. confirm
143. confirmed
144. masochism
145. bruise
146. Rolfing
147. stroll
148. smugly
149. detest
150. sly

151. pathetic
152. determination
153. bruise
154. vaguely
155. shot
156. gut
157. sternly
158. meant
159. tough
160. surreal

161. vow
162. smithereens

## Chapter 10

1. raging
2. sneeze
3. regimen
4. decline
5. sincere
6. bun
7. nuisance
8. don
9. mitten
10. windshield

11. surprisingly
12. odd
13. remedy
14. recognize
15. faintly
16. inspection
17. bald
18. unaware
19. mercy
20. addition

21. plaid
22. loudest
23. ache
24. visible
25. loosen
26. bluntly
27. glare
28. inspire
29. mishandle
30. lewd

31. inappropriate
32. scotch
33. be aware of
34. assume
35. hasten
36. fragile
37. subtle
38. wilder
39. lewder
40. profusely

41. swore
42. disastrous
43. determine
44. pat
45. degrade
46. consort
47. circumstance
48. leer
49. wanly
50. slip

51. brandy
52. damn
53. incredibly
54. intention
55. stick
56. expectantly
57. pointedly
58. daggers
59. sheepish
60. swig

61. patch
62. slip
63. lodge
64. firmly
65. frustrated
66. compartment
67. glee
68. meticulous
69. grateful
70. fodder

71. ditch
72. exhausted
73. heavily
74. strewn
75. shovel
76. assholes

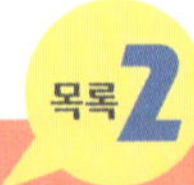


# Dating Game 단어

시작 : 월 일
마침 : 월 일

1. 목록 1과 마찬가지로 목록 2에 있는 『Dating Game』 단어들도 사전에서 찾아 읽어 보면서 색칠한다. 목록 1에서 『Dating Game』 단어를 칠한 색연필로 색칠한다.

2. 사전에 색칠을 다 한 다음에 단어를 줄 노트에 한 번씩 쓴다. 이때 영어 단어만 쓴다.

3. 사전 색칠은 시작한 뒤 되도록 3~4일 안에 끝낸다. 『Dating Game』 단어들을 노트에 먼저 쓰고 사전에 색칠해도 좋다.



## Chapter 11

1. storm
2. amazement
3. jerk
4. shovel
5. plaid
6. pat
7. ass
8. goddamned
9. cure
10. impetus
11. sane
12. scary
13. afoot
14. solemn
15. vow
16. glance
17. prosperous
18. inquire
19. naked
20. superstitious
21. intrigue
22. cautiously
23. anxious
24. attendant
25. subdue
26. creep
27. jerk
28. cheaters
29. likelihood
30. proverbial
31. haystack
32. cure
33. neatly
34. braid
35. casually
36. empathy
37. blithely

## Chapter 12

1. fairly
2. substantial
3. roam
4. reminiscent
5. quaint
6. solvent
7. well-manicured
8. sizable
9. disaster
10. sadden
11. farewell
12. atmosphere
13. severely
14. object
15. on the contrary
16. woo
17. genuinely
18. doldrums
19. disaster
20. broadly
21. tide
22. reflection
23. giddy

## Chapter 13

1. adequate
2. armload
3. upset
4. distraught
5. blithely
6. scheme
7. mourn
8. line up
9. starlet
10. agenda

11. frigging
12. dull
13. immature
14. sum up
15. econ.
16. qualify
17. amusing
18. generosity
19. inheritance
20. consideration

21. autonomy
22. aspiration
23. least
24. insist
25. prove
26. foible
27. test
28. hygienist
29. serum
30. regret

31. ordinary
32. pensively
33. samovar
34. indeed
35. fabulous
36. accommodate
37. exquisite
38. gourds
39. orchids
40. sprigs

41. awe
42. freak
43. clockwork
44. hefty
45. apology
46. tasteful
47. skimps
48. admiration
49. riot
50. outrageous

51. caution
52. ridiculous
53. workforce
54. triplets
55. tyrant
56. decent
57. wardrobe
58. encouragingly
59. jot
60. float

61. elaborate
62. desperate
63. dull
64. unimaginative
65. representative
66. denial
67. maternity
68. otherwise
69. fabulous
70. enthusiastically

71. fluke
72. destiny
73. pan out

## Chapter 14

1. brass
2. trim
3. bun
4. reveal
5. flight
6. upward
7. strikingly
8. rapid-fire
9. orchid
10. halfway

11. pathetic
12. gory
13. recital
14. tough
15. firmly
16. opulent
17. approval
18. broadly
19. manic
20. obsessive

21. rag
22. ragged
23. distracted
24. stern
25. spank
26. strangle
27. wag
28. enormous
29. explode
30. piss

31. inheritance
32. flinch
33. mere
34. salute
35. crane
36. mock-severe
37. wedlock
38. meek

39. stretch
40. contrite

41. tube
42. tied
43. swatch
44. considerably
45. cork
46. bluntly
47. rev
48. beam
49. reassure
50. furious

51. rebound
52. fabulous
53. incredible
54. lurch
55. obviously
56. extremely
57. capable
58. seemingly
59. barely
60. fathom

61. tentatively
62. engaged
63. herculean
64. reassuringly
65. resources
66. screw
67. screw up
68. butt
69. improvise
70. admiringly

71. orchids
72. imposing
73. exquisitely
74. entire
75. lacquer
76. engrave
77. ingenious
78. favor
79. accommodate
80. tug

81. tuck
82. tweak
83. impeccable
84. overlook
85. appropriate
86. forage
87. beam
88. slip
89. tremendous
90. accomplishment

91. precisely
92. distinguish
93. mature
94. capable
95. resourceful
96. souffle
97. corps
98. enormous
99. competence
100. exhausted

101. sympathetically
102. definitely
103. rueful
104. contraction
105. slid
106. sake
107. acutely

## Chapter 15

1. rope
2. whirlwind
3. spearhead
4. slightly
5. rough
6. contraction
7. rate
8. weakness
9. pale
10. palest

11. metamorphose
12. exquisite
13. adorable
14. mitzvahs
15. beam
16. utmost
17. showy
18. woodwork
19. puppeteer
20. strain

21. seam
22. distinguish
23. blandly
24. polite
25. assume
26. fabulous
27. determine
28. admit
29. dazzling
30. beat

31. amuse
32. amused
33. inappropriate
34. slipper
35. drift
36. apologetically
37. apologize
38. pop
39. mingle
40. efficient

41. competent
42. adept
43. mischievously
44. blithely
45. weird

46. kidney
47. mock
48. horror
49. godson
50. spank

51. adoringly
52. moan
53. bent
54. splash
55. vomit
56. gobble
57. mortally
58. in labor
59. horrify
60. interrupt

61. obstetrician
62. weird
63. squeeze
64. moan
65. chrissake
66. weakly
67. tease
68. rear view
69. time
70. hoarse

71. outskirt
72. recklessly
73. feebly
74. screech
75. halt
76. slot
77. reserve
78. staccato
79. attendant
80. gurney

81. sob
82. howl
83. primeval
84. profound
85. breed
86. bent
87. gamely
88. woozy
89. midwifery
90. brochure

91. solemnly
92. yawn
93. sleepily
94. giggle

## Chapter 16

1. roar
2. rug
3. sip
4. internist
5. discreetly
6. specialize
7. admire
8. greatly
9. damn
10. flu

11. mutual
12. affection
13. traumatic
14. tremendous
15. reel
16. inquisitive
17. compete
18. bluntly
19. rotten
20. grieve

21. ridiculous
22. humiliate
23. humiliating
24. decisive
25. dump
26. multi addicted
27. hallucinating
28. Quaalude
29. lulu
30. straightforward

31. adoringly
32. kinky
33. cooperating
34. delighted
35. profusely
36. starve
37. starving
38. beam
39. describe
40. conceptual

## Chapter 17

1. briskly
2. circuitous
3. route
4. apparently
5. amuse
6. plummet
7. concede
8. businesslike
9. blithely
10. stew

11. spun
12. beware
13. temp
14. deserve
15. barely
16. roar
17. kidnap
18. halfway
19. leaflet
20. wince

21. evasive
22. rope
23. burn
24. lousy
25. trick
26. supreme
27. bitch
28. slut
29. smatter
30. conceive

31. exotic
32. nun
33. hence
34. device
35. stick together
36. bourgeois
37. dumb
38. hairdo
39. suck
40. behalf

41. anticipation
42. swamp
43. pointedly
44. leeway
45. hesitate
46. beat
47. plaintively
48. scary
49. weakly
50. distracted

51. chastely
52. admire
53. cavalier
54. naive
55. pursue
56. bet
57. sip
58. definite
59. pursuit
60. dryly

61. cautiously
62. spare
63. Grammy
64. candidly
65. sheer
66. glamorous
67. enthuse
68. rule
69. relieve
70. in debt

71. illusion
72. tease
73. weed
74. breathe

## Chapter 18

1. sleek
2. limo
3. scrape
4. objection
5. waddle
6. shyly
7. sleek
8. knot
9. seldom
10. impeccably

11. verse
12. astound
13. spree
14. spoil
15. deserve
16. cautiously
17. rode
18. stun
19. lizard
20. admire

21. dare
22. exclaim
23. incredibly
24. spontaneous
25. accustomed
26. extravagant
27. prize
28. possession
29. precisely
30. intent

31. investment
32. admire
33. bone
34. proper
35. restrain
36. spender
37. obviously
38. impeccably
39. clung
40. figure

41. rhinestone
42. chignon
43. exquisite
44. entire
45. glide
46. incredible
47. wend
48. dim
49. star-studded
50. sip

51. hospitable
52. yawn
53. panicked
54. decent
55. colonies
56. enthusiastically
57. roar
58. good-natured
59. meaningfully
60. commitment

61. mislead
62. scar
63. thinly
64. conceal
65. venom
66. ground rule
67. lock
68. greasy
69. polite
70. unaffected

71. eccentric
72. zany
73. phony
74. condescending
75. enormous
76. irritated
77. steam
78. untrained
79. grit
80. pretend

81. fairly
82. ambitious
83. latch
84. arrogant
85. pompous
86. narcissistic
87. prerequisite
88. weird
89. track
90. vanish

91. constant
92. experiment
93. instinct
94. repertoire
95. further
96. drift
97. dire
98. bud

## Chapter 19

1. hearty
2. racy
3. admit
4. regretfully
5. stern
6. rape
7. grumpy
8. loath
9. canal
10. precisely

11. rip off
12. nauseous
13. annoy
14. suspicious
15. bracelet
16. promiscuous
17. son of a bitch
18. planet
19. granite
20. strike

21. striking
22. masculine
23. wonder
24. dim
25. lit
26. chilly
27. melt
28. nestle
29. breast
30. caress

31. odd
32. tease
33. spell
34. awkward
35. struggle
36. further
37. suspicious
38. fairy-tale
39. attentive
40. conscientious

41. snuggle
42. extraordinarily
43. splendid
44. pop
45. prop
46. trace
47. nipple
48. arouse
49. knot
50. commitment

51. monogamous
52. stunned
53. occur
54. upset
55. dawn
56. irritate
57. leash
58. plaintively
59. premature
60. ramrod

61. noble
62. practically
63. exclusively
64. integrity
65. pathetic
66. ultimate
67. annoy
68. naked

## Chapter 20

1. upset
2. extremely
3. vanish
4. puff
5. admit
6. chip
7. shit
8. sleazy
9. bullshit
10. decent

---

11. capable
12. convincing
13. lust
14. trade
15. integrity
16. ass
17. wart
18. condemn
19. pit
20. goddamned

---

21. pathetic
22. rotten
23. unscathed
24. damn
25. throat
26. complicated
27. tease
28. shook
29. snow
30. apparently

---

31. wrap
32. lighten
33. burden
34. chagrin
35. ambition
36. tease
37. suck
38. phobic
39. depressed
40. bash

---

41. cheat
42. bummer
43. innocent
44. chide
45. weird

# Dating Game 단어

시작 : 월 일
마침 : 월 일

1. 목록 1, 목록 2와 마찬가지로 목록 3에 있는 『Dating Game』 단어들을 사전에서 찾아 읽어 보면서 색칠한다. 기존에 『Dating Game』 단어를 칠한 색연필로 색칠한다.
2. 사전에 색칠을 다 한 다음에 단어를 줄 노트에 한 번씩 쓴다. 이때 영어 단어만 쓴다.
3. 시작한 뒤 되도록 3~4일 안에 끝낸다. 『Dating Game』 단어들을 노트에 먼저 쓰고 사전에 색칠해도 좋다.
4. 목록 3에는 반복되는 단어들이 많다. 그래도 그대로 쓴다. Chapter 26은 원래 없는 것.

## Chapter 21

1. turquoise
2. fabulous
3. bleak
4. wand
5. void
6. hideous
7. clay
8. vague
9. rhapsodize
10. drool

11. burst
12. undesirable
13. fodder
14. rotten
15. circuit
16. stagger
17. wanly
18. clay
19. nail
20. deny

21. scourge
22. recoil
23. racial
24. slur
25. evil
26. spit
27. Jew
28. pocket
29. rifle
30. phallic

31. penis
32. hysterically
33. nicotine
34. ride
35. paralyze
36. astonishment
37. mercifully
38. bland
39. concoction
40. fart

41. choke
42. fondness
43. trap
44. avenue
45. belief
46. Neanderthal
47. dick
48. vastly
49. goddamn
50. expressive

51. drool
52. desperate
53. skeptical
54. blind
55. psychotic
56. frown
57. lewd
58. distress
59. wimp
60. mischief

··········

61. fag
62. burp
63. brace
64. chiropractor
65. herniated
66. declare
67. shook
68. cough
69. fume
70. nutcase

··········

71. zombie
72. bastard
73. march
74. slam
75. cubbyhole

## Chapter 22

1. enormously
2. gorgeous
3. ecstatic
4. astronomical
5. respite
6. mammoth
7. weigh
8. chew
9. weird
10. apparently

··········

11. motherly
12. firm
13. furthermore
14. sociopath
15. hell
16. incense
17. budge
18. mutter
19. vegan
20. chide

··········

21. allergic
22. mutter
23. sullen
24. halfway
25. tragedy
26. blithely
27. conspiratorial
28. dissuade
29. stubborn
30. picnic

··········

31. be fond of
32. circumstance
33. unattractive
34. circuit
35. medication
36. briskly
37. slope
38. animated
39. plot
40. sternly

··········

41. psych
42. codependent
43. mourn
44. entitle
45. depart
46. volunteer
47. jot
48. astonishment
49. nonplus
50. anxiously

··········

51. civilized
52. immature
53. glamorous
54. gear
55. bitch
56. ample
57. vague
58. psych
59. tough
60. proper

··········

61. uptight
62. obsess
63. Prozac
64. grief
65. woven
66. damp
67. harass
68. toe
69. obviously
70. steer

··········

71. determine
72. loss
73. solvent
74. sidewalk
75. adorable
76. flood
77. flaw
78. flawless
79. stem
80. tide

··········

81. awkwardly
82. immense
83. bury
84. leery
85. pact
86. perceive
87. uphill
88. neutral
89. sympathetic
90. admit

··········

91. immense
92. distracted
93. addicted
94. confess
95. associate
96. grieve

97. phase
98. outrank
99. mischievously
100. hitch

---

101. confident
102. apologize
103. wacky
104. ramble
105. tend
106. architect
107. admire
108. weird
109. intent
110. asparagus

---

111. fluted
112. shudder
113. fade
114. straw
115. mop
116. admit
117. damn
118. recede
119. brain
120. practically

---

121. wince
122. sailing
123. constructive
124. crew
125. grief
126. circumstance
127. rough
128. chronicle
129. pact
130. ban

---

131. dare
132. drain
133. profoundly
134. buoy
135. contrary
136. sadder
137. buoyant
138. absent
139. reappear
140. envy

---

141. admiringly
142. codependent
143. healthier
144. constantly
145. admire
146. grief
147. disrespectful
148. denial
149. politely
150. passionate

---

151. lonelier
152. arouse
153. gruffly
154. suspect
155. slut
156. psych
157. machinery
158. intense
159. elaborate
160. fragile

---

161. integrity
162. thus
163. reluctant
164. stack
165. pursue
166. intrigue
167. crush
168. stand for
169. afraid
170. benevolently

---

171. compatible
172. departure
173. represent
174. spike
175. gulp
176. spat
177. upset
178. bullshit
179. cradle
180. orphan

---

181. stunned
182. concede
183. flatter
184. distressing
185. mischievously
186. snuggle
187. beam
188. disappointed
189. subtle
190. minus

---

191. shield
192. libido
193. lit
194. presence
195. palpable
196. epiphany
197. lithe
198. clung
199. enticingly
200. emerge

---

201. crisp
202. fuss
203. arouse
204. peel
205. entangle
206. rigid
207. suspect
208. hoarsely
209. crawl
210. womb

---

211. conceal
212. tragic
213. shimmer
214. fear
215. opt
216. immensely

217. rejection
218. overwhelming
219. disappointed
220. hastily
221. slid
222. imprint
223. demon
224. benignly
225. reclaim
226. woodenly
227. sake
228. ember
229. swamp
230. despair

## Chapter 23

1. suspicious
2. admit
3. odd
4. intrusive
5. rug
6. oddly
7. suit
8. flourish
9. intention
10. mincemeat
11. pointedly
12. object
13. boundary
14. frown
15. odd
16. candid
17. mere
18. thrill
19. muse
20. wounded
21. doubt
22. dear
23. weirdo
24. freak
25. thorn
26. paw
27. cynical
28. inquire
29. theoretically
30. shit
31. swear
32. amuse
33. vapor
34. pursue
35. pipe
36. cheat
37. delude
38. psychic
39. digest
40. enmesh
41. moderate
42. threaten
43. devour
44. deny
45. adore
46. swallow
47. slew
48. Siamese
49. accuse
50. nightmarish
51. insane
52. nudity
53. lewd
54. suspiciously
55. psycho
56. drip
57. sensibly
58. obsess
59. tweedy
60. approximately
61. cross dress
62. intrigue
63. convince
64. brick
65. residence
66. unpretentious
67. rare
68. stack
69. showy
70. surprisingly
71. victoriously
72. gem
73. grin
74. practically
75. wax
76. poetic
77. chemistry
78. vibe
79. crucial
80. board
81. drawing
82. board
83. burnt
84. episode
85. resource
86. porcelain
87. decade
88. rate
89. portrait
90. title
91. tantrum
92. chauffeur
93. sufficient
94. homage
95. break
96. crisp
97. assume
98. recognize
99. spiky
100. impish

101. proper
102. chuckle
103. spiky
104. politely
105. barely
106. range
107. threesome
108. entire
109. crew
110. vast

111. amusement
112. mythology
113. subtitle
114. conceive
115. coherent
116. vastly
117. demeanor
118. infinitely
119. personification
120. outrageous

121. Parisian
122. proceed
123. precision
124. scheme
125. alert
126. lit
127. corn
128. pungent
129. amenable
130. merci

131. perfunctorily
132. enormous
133. regime
134. respectable
135. further
136. blew
137. inadvertently
138. ashtray
139. portrait
140. relay

141. whirlwind
142. gesticulate
143. exclamation
144. command
145. ecstatically
146. exquisite
147. pose
148. outrageously
149. contagious
150. alternate

151. terribly
152. masculine
153. visceral
154. subtle
155. cautious
156. vibrant
157. shaken
158. severe
159. crew
160. flirtatious

161. berserk
162. tease
163. emanate
164. constantly
165. crouch
166. staircase
167. inch
168. vicinity
169. exquisite
170. flown

171. outrageous
172. Versailles
173. starry
174. shot
175. straggler
176. beam
177. retrieve
178. valet
179. enchanted
180. weird

181. roll
182. jubilant
183. elf
184. planet
185. wiry
186. lithe
187. distinct
188. wrap
189. passionate
190. embrace

191. Un petit ami
192. across
193. mannerism
194. lapse
195. stare

## Chapter 24

1. grab
2. stretch
3. recover
4. antithesis
5. artifice
6. unfailingly
7. clarify
8. grab
9. harmless
10. tourism

11. pretend
12. strangle
13. delighted
14. adorable
15. undeniably
16. decently

17. roam
18. bistro
19. ruefully
20. odd
21. ridiculous
22. rear view
23. haunted
24. daze
25. aphrodisiac
26. presence
27. be aware of
28. malaise
29. raw
30. bear
31. discreetly
32. assume
33. swept
34. tidal
35. pound
36. nod
37. overwhelm
38. instinct
39. dismay
40. sensibly
41. current
42. voltage
43. stunned
44. solely
45. tempting
46. grab
47. hottie
48. affair
49. self-indulgence
50. kidnap
51. bedpost
52. admit
53. libertine
54. trade
55. planet
56. justify
57. hormone
58. harness
59. muzzle
60. fridge
61. entire
62. desperately
63. naked
64. glue
65. deposit
66. moan
67. writhe
68. arch
69. thrown
70. backward
71. tidal
72. barely
73. hoarsely
74. Je t'aime

## Chapter 25

1. luxuriate
2. blissfully
3. torrid
4. interlude
5. extort
6. vague
7. naked
8. modesty
9. roam
10. qualm
11. innocently
12. string
13. devour
14. starve
15. bread
16. beam
17. entirely
18. unduly
19. gulp
20. adorable
21. assignment
22. weird
23. assume
24. react
25. dishonest
26. damn
27. womb
28. obtain
29. bull
30. digest
31. approval
32. weird
33. mature
34. pretense
35. ordinary
36. count
37. barely
38. reassure
39. awkward
40. circle
41. sniff
42. tease
43. objection
44. concern
45. evaporate
46. upside down
47. beneath
48. audition
49. sport
50. bracelet
51. engrave
52. cherish
53. savor
54. Squaw
55. sedately
56. ghastly

57. complicated
58. intertwine
59. upset
60. spontaneous
61. regard
62. consequence
63. irk
64. furious
65. investment
66. burden
67. avoid
68. irresponsible
69. manipulate
70. transcend
71. ultimately
72. discreetly
73. subtle
74. stretch
75. juvenile
76. offensive
77. detest
78. bourgeois
79. obligation
80. avant-garde
81. detest
82. irritate
83. elitism
84. commitment
85. admire
86. reverse
87. threaten
88. commit
89. detest
90. subtract
91. discount
92. patina
93. erase
94. mature
95. irresistible
96. charming
97. nonetheless
98. irresponsible
99. estrange
100. ease
101. with ease
102. reassure
103. deserve
104. occur
105. cruel
106. snuggle
107. devastate
108. cavort
109. constant
110. pelt
111. strewn
112. Epiphany
113. consternation
114. implication
115. travesty
116. fate
117. engaged
118. undeniably
119. taint
120. misery
121. desperately
122. devastated
123. drum
124. twilight
125. erupt
126. constantly
127. wound up
128. duck
129. fateful
130. cannonball
131. strangle
132. disaster
133. uncontrollably
134. insane
135. grit

## Chapter 27

1. numb
2. bleak
3. utter
4. despair
5. console
6. chagrin
7. road
8. arduous
9. tolerate
10. agony
11. dare
12. reprisal
13. intrusion
14. vaguely
15. wounds
16. torpedo
17. rebound
18. hook
19. illusion
20. train
21. startle
22. relieve
23. delicious
24. swamp
25. panicked
26. zombie
27. sheepish
28. pale
29. taffeta
30. bridesmaids
31. inflict
32. prison
33. envision
34. destiny
35. conclusion
36. inquiry
37. proceed
38. avenue

## Chapter 28

1. exquisite
2. taste
3. afterward
4. knot
5. seclude
6. fairy
7. vast
8. ephemeral
9. bridesmaid
10. giggle

11. veil
12. anxiously
13. clutch
14. enormous
15. bouquet
16. orchid
17. affect
18. breathtaking
19. taffeta
20. swirl

21. underneath
22. emotion
23. awry
24. transport
25. backward
26. regret
27. overwhelm
28. dignify
29. vulnerable
30. pew

31. stiffen
32. row
33. glide
34. aisle
35. tug
36. pew
37. warn
38. pat
39. groom
40. matron

41. fraction
42. instant
43. vestibule
44. discreetly
45. struggle
46. insignificant
47. mesmerize
48. embrace
49. profusely
50. embark

51. abundance
52. pose
53. wove
54. crack
55. cultivate
56. matron
57. solve
58. crisis
59. unaware
60. inattentive

61. seatmate
62. solicitously
63. glamorous
64. reclusive
65. manuscript
66. frustrated
67. rude
68. tenth
69. amused
70. bridal

71. collapse
72. chide
73. illustrious
74. apologetic
75. fondly
76. low-key
77. political
78. superficial
79. arena
80. out of steam

81. civilize
82. capable
83. acknowledge
84. scar
85. raw
86. infinitely
87. circumstance
88. amicable
89. mutual
90. latter

91. debutante
92. easygoing
93. pursue
94. intrigue
95. manuscript
96. figure
97. coast
98. pepper
99. planet
100. annoyance

101. insuperable
102. aversion
103. scold
104. smug
105. interrupt
106. groan
107. emphatically
108. sissy
109. exhaust
110. relieve

111. insist
112. preserve
113. ridiculous
114. slightly
115. cherish
116. aim
117. hurl
118. instinct

119. reflex
120. grab

121. daze
122. lovingly
123. bachelor
124. shrug
125. grieve
126. threaten
127. determine
128. desperate
129. alligator
130. drown

131. skate
132. infinitesimally
133. groan
134. slim
135. reward
136. nonexistent
137. haystack
138. prick
139. harmless
140. damn

## Chapter 29

1. enthusiastic
2. motherly-looking
3. alert
4. assess
5. constantly
6. astute
7. weed
8. weirdo
9. suspect
10. hostile

11. indifferent
12. override
13. firmly
14. likelihood
15. slim
16. intrigue
17. commitment
18. phobic
19. peculiar
20. diaper

21. ruefully
22. consolation
23. affluent
24. instinct
25. grin
26. comparison
27. reward
28. domestic
29. undertake
30. sibling

31. rivalry
32. assume
33. gynecologist
34. doubt
35. upset
36. pursue
37. enthuse
38. kidney
39. tease
40. suspicious

41. curtly
42. ass
43. annoy
44. sanity
45. cultivate
46. wholesome
47. humble
48. at stake
49. odd
50. audition

51. lean
52. figure
53. despite
54. strikingly
55. acrimonious
56. dying
57. beam
58. upset
59. furious
60. have an affair

61. latter
62. get rid of
63. uproar
64. maternity
65. frighteningly
66. calm
67. qualm
68. cryptically
69. mutter

## Chapter 30

1. ultimate
2. sibling
3. tumor
4. diagnose
5. grab
6. fate
7. determine
8. faintly
9. concede
10. entirely

11. fertilization
12. ally
13. enthuse
14. worthwhile
15. deafen
16. plaintively

17. pathetic
18. admire
19. contribute
20. reassure
21. squad
22. in the meantime
23. gut
24. perspective
25. confidence
26. cowardly
27. affection
28. turbulent
29. irritate

## Chapter 31

1. modify
2. courtesy
3. threaten
4. psychiatric
5. attendant
6. stun
7. jolt
8. fascinated
9. tease
10. blandly
11. fulfill
12. interlude
13. easygoing
14. unpretentious
15. nurture
16. apparently
17. abusive
18. tragedy
19. fragment
20. rape
21. slate
22. cope with
23. godsend
24. sonogram
25. confide
26. rely on
27. traffic
28. bastard
29. predict
30. reverse
31. confidence
32. halfway
33. cling
34. notable
35. hay
36. hay fever
37. assure
38. queasy
39. exultation
40. fare
41. gratitude
42. fervently
43. afoot
44. stunned
45. faint
46. groan
47. rummage
48. frantically
49. Valium
50. pediatrician
51. ominously

## Chapter 32

1. beleaguer
2. hatch
3. exquisite
4. collapse
5. optimistic
6. cruel
7. protease
8. transcriptase
9. inhibitor
10. rocky
11. adorable
12. formula
13. inconvenience
14. wicked
15. fitful
16. bassinet
17. bow
18. booty
19. layette
20. unload
21. bassinet
22. fridge
23. promptly
24. pale
25. fuss
26. be fond of
27. roam
28. Tuscany
29. threaten
30. inevitably
31. extent
32. ax
33. grind
34. drain
35. psyche
36. jot
37. fathom
38. incoherent
39. utterly
40. struck
41. inappropriate

42. joyous
43. jangle
44. distracted
45. animatedly
46. radical
47. sculptor
48. roar
49. tedious
50. rat
51. dominatrix

## Chapter 33

1. sympathetically
2. groan
3. loud
4. contraction
5. writhe
6. determine
7. epidural anesthesia
8. hideous
9. howl
10. wail
11. cord
12. woozy
13. relinquish
14. reveal
15. fuzz
16. drift
17. tuck
18. tragedy
19. disaster
20. glucose
21. lactate
22. pediatrician
23. grumble
24. heal
25. awe-struck
26. solidify
27. acknowledge
28. worn off
29. incredible
30. spirit
31. tiny
32. bundle
33. intently
34. gorgeous
35. gratitude

## Chapter 34

1. bassinet
2. tease
3. rave
4. chin
5. stork
6. downy
7. insanely
8. beat
9. glee
10. murmur
11. racy
12. toughter(tough)
13. gun-shy
14. sneak
15. enormous
16. admiration
17. sworn
18. stick out
19. pathetic
20. hover
21. patriotic
22. groan
23. epidemic

## Chapter 35

1. stroller
2. chastity
3. spirit
4. bangle
5. alligator
6. drift
7. loneliness
8. haystack
9. intrude
10. yawn
11. cuddle
12. heartfelt
13. assumption
14. threaten
15. roam
16. yacht
17. oval
18. nestle
19. lid
20. admire
21. infinite

## Dating Game 단어 뜻 넣기

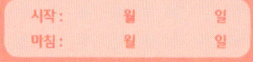

시작 : 월 일
마침 : 월 일

1. 영어 단어만 쓴 『Dating Game』 단어 목록 노트를 펼친다.
2. 영어 단어를 한 번 더 쓰고 나서 사전에서 그 영어 단어를 찾아 한글 뜻을 쓴다.
3. 중요한 뜻은 되도록 모두 써 준다.
4. 천천히! 쓰면서 충분히 음미해 준다. 목록 3의 뜻을 채워 넣을 때는 목록 1, 목록 2와 많이 중복이 돼서 편안할 것이다.

* 단어의 힘으로 영어를 잘할 수 있다. 문법이 뛰어나다고 해서 단어 실력이 저절로 늘지는 않지만 단어 실력이 뛰어나면 문법이나 숙어 실력이 저절로 좋아질 수 있다.
* 되도록 단어의 뜻을 사전에서 찾아보길 권한다. 그래야 기억에 남는다. 하지만 시간이 없거나 사전 찾다가 지쳐서 영어 공부를 포기할 위기에 처했다면 DSL 홈페이지 **www.ddstone.com** 자료실에서 『Dating Game』 단어 뜻 목록을 다운받을 수 있다.

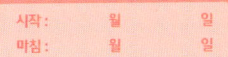

# Dating Game 단어

시작 : 월 일
마침 : 월 일

1. 새 노트를 펼치고 사전에 색칠한 모든 단어를 영어 단어만 한 번씩 쓴다. 『Dating Game』 단어뿐 아니라 처음에 색칠했던 단어들도 모두 쓰도록 한다.

2. 『Dating Game』 단어 목록 노트를 펴고 한글 뜻 옆에 영어를 2번 더 쓴다. 챕터 1~10까지는 외운다는 마음으로 반복한다.

3. 『Dating Game』 책을 펴고 읽는다. 처음 읽을 때는 60%만 이해한다는 마음으로 읽는다.

4. 『Dating Game』을 읽을 때 완성한 단어 목록을 옆에 두고 막힐 때마다 들춰 본다.

| | | | | |
|---|---|---|---|---|
| redone | redone | 다시 되어진, 고쳐진 | redone | redone |
| rare | rare | 드문, 진기한 | rare | rare |
| caterer | | 조달자 | caterer | caterer |
| particu | | 특유의 | particular | particular |
| indulge | | 시키다 | indulge | indulge |
| myriad | myriad | 만, 무수한 사람(물건) | m | |
| flown | flown | fly의 p.p. | | |
| aspect | aspect | 양상, 모습, 정세 | aspe | |
| land | land | 뭍, 육지, 땅 | land | land |
| barely | barely | 가까스로, 숨김없이 | barely | barely |
| gofer | gofer | 잔심부름꾼, 얇은 핫케이크 | gofer | gofer |
| admit | admit | 넣다, 허가하다 | admit | admit |
| thrill | thrill | 전율, 열광시키다 | thrill | th |
| diaper | diaper | 마름모 무늬, 기저귀 | diaper | |
| carpool | carpool | 교대로 운전하며 가다 | carpool | |
| properly | properly | 당연히, 적당하게 | properly | properly |

먼저 한 줄에 하나씩 영어 단어만 쭉 쓴다.

영어 단어를 한 번 더 쓰고 한글 뜻을 쓴다.

영어 단어만 2번씩 더 쓴다.

# 대니엘 스틸

독서 목록

시작 : 월 일
마침 : 월 일

1. 『Dating Game』
2. 『Leap of Faith』
3. 『Malice』
4. 『The Promise』
5. 『Silent Honor』
6. 『The Gift』
7. 『Echoes』
8. 『Five Days in Paris』
9. 『The Ranch』
10. 『The Ring』
11. 『Zoya』

- 『Full Circle』
- 『Kaleidoscope』
- 『Lightning』
- 『Special Delivery』
- 『His Bright Light』
- 『The House On Hope Street』
- 『Lone Eagle』
- 『The Kiss』
- 『Sunset in St. Tropez』
- 『Second Chance』

1~11번까지는 꼭 순서를 지켜서 읽는다. 책을 다 읽을 수 있도록 재밌는 책, 좀 지루한 책, 두꺼운 책, 얇은 책을 골고루 섞은 순서이다. 나머지 10권은 자유롭게 읽는다. 되도록 21권을 모두 읽는데 두꺼운 책은 3~4일, 얇은 책은 2일 안에 읽도록 한다.

# Master of the Game 단어 목록

시작 : 월 일
마침 : 월 일

1. 아래 목록에 있는 『Master of the Game』 단어들을 사전에서 찾아 읽어 보면서 색칠한다. 기존에 사전에 칠한 색연필, 『Dating Game』 단어를 칠할 때 쓴 색연필과는 다른 색을 선택한다.
2. 사전에 색칠을 다 한 다음에 단어를 줄 노트에 한 번씩 쓴다. 이때 영어 단어만 쓴다. 단어들을 노트에 먼저 쓰고 사전에 색칠해도 좋다.
3. 시작한 뒤 되도록 일주일 안에 끝낸다.

## Chapter 1

1. amid
2. Scottish
3. obliterate
4. Afrikaner
5. scorch
6. slag
7. deluge
8. smash
9. tin
10. hut

11. frenzy
12. artillery
13. celestial
14. dissolve
15. sprawl
16. lad
17. fair-haired
18. startling
19. ingenuous
20. eagerness

21. endearing
22. light-hearted
23. disposition
24. till
25. desolate
26. meager
27. sunup
28. wondrous
29. daft
30. nae

31. retort
32. platter
33. pouch
34. arduous
35. awe
36. dainty
37. alight
38. carriage
39. cornucopia
40. apothecary

41. cram
42. dock
43. glimpse
44. exposition
45. sneak
46. innovation
47. turbulent
48. equator
49. leper
50. mesmerize

51. wharf
52. horde
53. overrun
54. tout
55. bear
56. half-caste
57. vendor
58. ware
59. hustle
60. vainly

61. canteen
62. galvanize
63. abut
64. greengrocer
65. tumble-down
66. tobacconist
67. throng

68. clad
69. conic
70. broad-brimmed

71. stout
72. attire
73. poke
74. bonnet
75. washerwoman
76. boardinghouse
77. landlady
78. dumpy
79. ample-bosomed
80. coy

81. landward
82. peaked
83. vendetta
84. swarm
85. primitive
86. inadequate
87. odoriferous
88. vapor
89. noxious
90. leftover

91. squirrel
92. cock-a-leekie
93. bap
94. grubstake
95. foul
96. solitude
97. depot

98. besiege
99. burly
100. mob

101. grunt
102. heathen
103. livery
104. impulse
105. dogcart
106. surge
107. cramped
108. fetch
109. swede
110. bullock

111. roomy
112. blazing
113. ward off
114. mule
115. refreshment
116. gallop
117. rut
118. hoof
119. grit
120. bumpy

121. plunge
122. batter
123. jolt
124. doze off
125. jar
126. wilderness
127. monstrous

128. veld
129. pitiless
130. smother

131. haze
132. slog
133. sjambok
134. whip
135. thong
136. laden
137. hemp
138. Belfast
139. monotony
140. scrub

141. redd
142. ripple
143. thorn
144. creep
145. weary
146. bloodshot
147. panorama
148. swarm with
149. kaffir
150. prospector

151. shack
152. canteen
153. billiard
154. cramped
155. boisterous
156. throng
157. stifling

158. cot
159. exultation
160. ravenous

161. snook
162. pike
163. resemble
164. mutton
165. spit
166. haunch
167. feverish
168. uppermost
169. lode
170. stagger

171. basin
172. barren
173. shrub
174. riverbank
175. mesh
176. rickety
177. makeshift
178. range
179. apparatus
180. corduroy

181. boulder
182. gravel
183. sieve
184. silt
185. pebble
186. improvised
187. pub

188. chum
189. broil
190. drench

191. stink
192. sanitary
193. hellhole
194. carcass
195. slaughter
196. rot
197. trench
198. lavatory
199. rust
200. soot

201. aquiline
202. aloof
203. crate
204. tribe
205. uppity
206. odor
207. implement
208. crock
209. gunpower
210. crockery

211. haberdashery
212. saddlery
213. harness
214. sheep-dip
215. stationery
216. wary
217. choosy
218. scavenge
219. euphoria
220. saloon

221. decrepit
222. mining
223. lye
224. threadbare
225. galvanized iron
226. peg
227. grime
228. plunge in
229. sundowner
230. shandy gaff

231. confide
232. grubstake
233. hightail
234. pinch
235. bulbous
236. earnestly
237. quarter
238. provision
239. plank
240. frugal

241. turnip
242. peer
243. intently
244. conspiratorial
245. incomprehensible
246arsenical
247. biltong
248. readiness
249. stow
250. consult

251. grudging
252. tether
253. rein
254. pitch
255. nightfall
256. jerky
257. fang

## Chapter 2

1. claw
2. snug
3. vulture
4. trek
5. brisk
6. monotonous
7. shimmer
8. desolate
9. eerie
10. nocturnal

11. barren
12. cub
13. impala
14. reckless
15. delirious
16. thud
17. crucible
18. tepid
19. recollection
20. predawn

21. daft
22. stumble
23. ooze
24. sera
25. crumple
26. rave
27. deliriously
28. buxom
29. croak
30. swathe

31. prop
32. intensity
33. flimsy
34. disgruntle
35. back-breaking
36. boulder
37. squat
38. sift
39. bleary
40. loadstar

41. pickax

42. set off
43. lever
44. laborious
45. gravel
46. dusk
47. diamondiferous
48. glowing
49. glisten
50. flatten out

..........

51. crude
52. shake

## Chapter 3, 4

1. eddy
2. blasted
3. passer-by
4. ineffable
5. trepidation
6. assayer
7. clutter
8. penniless
9. jubilation
10. passer-by

..........

11. hypnotize
12. chamois
13. stake out
14. properly
15. doorway
16. meekly
17. bewilderment
18. outfit
19. rage
20. quibbling

..........

21. quits
22. burr
23. addle
24. fling
25. overhear
26. corrugate
27. thud
28. anew
29. hazy
30. trackless

..........

31. billycan
32. avenger
33. puncture
34. scavenger
35. aflame
36. stab
37. excruciating
38. shaft
39. feral
40. jackal

..........

41. fetid
42. flay
43. fetid
44. flay
45. beak
46. ruff
47. foul
48. odor
49. carrion
50. delirium

..........

51. flap
52. flounce
53. uitlander
54. enslave
55. erode
56. subservient
57. cunning
58. lore
59. comet
60. blizzard

..........

61. cattle
62. destine
63. allot
64. shack
65. lean-to
66. hut
67. rap
68. vengeance
69. repress
70. shudder

..........

71. unkempt
72. ridge
73. sunken
74. livid
75. shipyard
76. shantytown
77. rusty
78. corrugate
79. foreman
80. stevedore

..........

81. fanatic
82. schism
83. herd
84. conclave
85. ghetto
86. in reserve
87. prey
88. virile
89. scorn
90. cringe

..........

91. reverence
92. wary
93. bait
94. up-turn
95. reef
96. visualize
97. cartographer
98. impede
99. barbed
100. man

..........

101. watchtower
102. raft
103. paddle

104. persuasive
105. simplicity
106. disembark
107. pristine
108. launch
109. constable
110. florid

111. heavy-set
112. telltale
113. tippler
114. dubious
115. planking
116. lash
117. mast
118. crease
119. guano
120. in vain

121. strenuous
122. nagging
123. compass
124. yaw
125. cormorant
126. linger
127. fin
128. skim
129. nudge
130. capsize

131. tilt
132. precarious
133. angle
134. jolt
135. heel over
136. sickening
137. thrash
138. circumference
139. acrid
140. stench

141. noisome
142. corpse
143. smudge
144. parapet
145. reef
146. outsmart
147. hoist
148. overhead
149. whitecap
150. afar

151. swell
152. comber
153. momentum
154. hurtle
155. seethe
156. maelstrom
157. loom
158. clarity
159. jag
160. geyser

161. intact
162. propel
163. deafen
164. fling
165. razor-sharp
166. wrench
167. catapult
168. shred

## Chapter 5

1. rag
2. foothill
3. rugged
4. escarpment
5. kloof
6. canyon
7. caldron
8. desolate
9. crude
10. resigned

11. reproach
12. plaster
13. skull
14. sop
15. tattered
16. resume
17. mindless
18. as though
19. shimmer
20. dune

21. impenetrable
22. westerly
23. menace
24. exultant
25. muffle
26. ricochet
27. disembody
28. avenue
29. distribute
30. confront

31. barbed
32. pry
33. whimper
34. throb
35. trek
36. automaton
37. odyssey
38. dissipate
39. incredulous
40. petrify

41. disreputable
42. restricted
43. beckon

## Chapter 6~11

1. cravat
2. acquire
3. saloon
4. alight
5. deferential
6. flicker
7. idealistic
8. immoral
9. sustain
10. sage
11. uneventful
12. ornate
13. patronize
14. clasp
15. smolder
16. scrutiny
17. drone
18. beam
19. imposition
20. ironclad
21. daze
22. tongue-tie
23. corrupt
24. oppressive
25. rebellious
26. entwine
27. whirlpool
28. substantial
29. construct
30. timber
31. corrugate
32. thatch
33. heath
34. keenly
35. entrepreneur
36. fled
37. dubious
38. boomtown
39. radiance
40. banquet
41. undo
42. bodice
43. tremulous
44. soaring
45. dapple
46. frontier
47. pulpit
48. deacon
49. brimstone
50. rapt
51. whiplash
52. reconcile
53. tentative
54. biltong
55. strip
56. stutter
57. conflicting
58. bairn
59. bewilder
60. grudge
61. throe
62. stock-still
63. publicly
64. pillory
65. exile
66. upbringing
67. erection
68. writhe
69. derision
70. depravity
71. for sake
72. taper
73. wick
74. catastrophe
75. befall
76. coach
77. bolt
78. self-conscious
79. proposition
80. prostitution
81. haphazard
82. brothel
83. barmaid
84. thoroughfare
85. patronize
86. uninhibited
87. short-change
88. robust
89. withdrawn
90. patron
91. deliberately
92. atremble
93. boulder
94. savage
95. reverie
96. elixir
97. lifeblood
98. insinuating
99. contempt
100. turmoil
101. landlady
102. crumble
103. board
104. lodging
105. iniquity
106. heap
107. parishioner
108. pariah
109. deteriorate
110. inept
111. transaction
112. enterprise
113. summon
114. appraise
115. blatant
116. furtive
117. fling
118. pin

119. flatiron
120. confinement

............

121. bend down
122. hour after hour
123. in store
124. rap
125. passer-by
126. streamer
127. crude
128. tutelage
129. conservative
130. fleshy

............

131. carp
132. mutton
133. tipsy
134. stilted
135. bawdy
136. first-hand
137. gaffe
138. bootee
139. cloak
140. sterling

............

141. rattle
142. celluloid
143. dapple
144. christening
145. bottle up
146. subside
147. composure
148. rise(get) to one's feet
149. clumsy
150. unkempt

............

151. shuffle
152. mettle
153. collateral
154. pounce
155. foreclose
156. writ
157. confiscate
158. marshal
159. evict
160. wind-swept

............

161. protrude
162. clod
163. filthy
164. unsanitary
165. fade out
166. beckon
167. reed
168. cane
169. brocade
170. avert

............

171. lush
172. formidable
173. radius
174. agitation
175. hapless
176. vigor
177. plateau
178. decanter
179. snifter
180. coo

............

181. trespass
182. fist
183. foreman
184. initiative
185. revolting
186. dismissal
187. stalk
188. resolve
189. manipulate
190. undergo

............

191. transformation
192. outcast
193. arbiter
194. fawn
195. drench
196. straighten out
197. goliath
198. porcine
199. boast
200. agility

............

201. whip
202. simmer
203. uitlander
204. paper mill
205. inordinate
206. marvel
207. overt
208. tickle
209. wrench
210. full-fledged

............

211. conglomerate
212. heady
213. surrogate
214. firmament
215. constellation
216. riverbed
217. shrub
218. pulverize
219. hoove
220. disturbed

............

221. pre-eminent
222. privately
223. dire
224. defiant
225. derisive
226. flaunt
227. bewilderment
228. torch
229. constable
230. handcuff

............

231. blazing
232. possessed
233. verge
234. contort
235. grotesque
236. slobber
237. sanatorium

238. skeletal
239. mopping-up
240. deplorable

---

241. harrowing
242. combustion
243. intractable

## Chapter 12

1. paddy
2. wavy
3. superintendent
4. shiver
5. methodical
6. yank
7. vault
8. safe deposit box
9. vault
10. seep

---

11. wry
12. cram
13. alley
14. apprehensive
15. in(out of) one's wits
16. shunt
17. disturb
18. ancestral
19. rally
20. sentence

---

21. sneak
22. compromise
23. ablaze
24. reverberate
25. frock
26. molify
27. willful
28. discard
29. bribe
30. sway

---

31. headmistress
32. rebel
33. stoop
34. grimly
35. thatch
36. gangling
37. gravely
38. miniature
39. disciple
40. impose a tax

---

41. miner, mineworker, digger
42. spirited
43. flatly
44. trout
45. riffraff
46. battlement

## Chapter 13

1. glittering jewelry
2. identical
3. knickers
4. decorum
5. unrepentant
6. incline
7. fornicate
8. exile
9. gloomily
10. gallows

---

11. reprieve
12. slop
13. inflame
14. scoff
15. haughtily
16. up to date
17. wayward
18. agape
19. contemptuously
20. zoon

---

21. rugby
22. revelation
23. sensuality
24. gush
25. alluvial
26. abrasion
27. dodecahedron
28. octahedron
29. glassy
30. scholastic

---

31. eligible
32. besiege
33. accentuate
34. bosom
35. precede
36. robust
37. emaciate
38. figment
39. valedictorian
40. pirate

## Chapter 14

1. administration
2. resolute
3. impulsive
4. covertly
5. take advantage of
6. bizarre
7. plunge
8. bewilder
9. array
10. subsidiary

11. franchise
12. coffer
13. adjoining
14. rawboned
15. poll tax
16. ritual
17. barrier
18. penetrate
19. vessel
20. ferry

21. lighthouse
22. impulse
23. burial ground
24. tombstone
25. epitaph
26. slumber
27. sleigh
28. shingle
29. delphinium
30. reckon

31. purse
32. condescending
33. butler

## Chapter 15

1. hectic
2. delegate
3. subordinate
4. rockshaft
5. hoist
6. diamondiferous
7. consistency
8. carat
9. intoxicating
10. bewitching

11. ensemble
12. shrew
13. thaw
14. patent
15. conflicting
16. tomboy
17. cataclysmic
18. indispensable

## Chapter 16

1. equivalent
2. thrust
3. ecstasy
4. carve
5. flair
6. echelon
7. condescension
8. wary
9. maneuver
10. machination

11. outwit
12. ritual
13. conform
14. lounging
15. assassin
16. slay
17. cricket
18. archduke
19. instigate
20. assassinate

21. warfare
22. ammunition
23. idealistic
24. ninny
25. chasm
26. headstrong
27. enlist
28. cadence
29. tatter
30. superiority

31. confer
32. conglomerate
33. turmoil
34. pledge
35. standstill
36. dugout
37. vermin
38. infest
39. trench
40. mobilize

41. expeditionary
42. disembark
43. chintz
44. sconce
45. awning
46. munition
47. armament
48. merchandise

## Chapter 17

1. diversify
2. timberland
3. nudge
4. matrix
5. headquarter
6. chatter
7. riveter
8. skyscraper
9. compulsion
10. goodwill

11. shackle
12. unwell
13. clumsy
14. pang
15. reverberate
16. trophy
17. consuming
18. segregationist
19. enlightened
20. coalition

21. colored
22. retort
23. forged pass
24. grudging
25. chauffeur
26. janitor
27. guerrilla
28. triumphant
29. summon
30. if only

31. serene
32. goad
33. pasture
34. hourglass
35. stammer
36. manifestation
37. cope
38. live up to
39. appalling
40. studious

41. ambiguous
42. flagrant
43. filmy
44. negligee
45. revise
46. harness
47. hold out
48. endearment
49. subsidiary
50. frenzy

51. speculation
52. enigma
53. superb
54. heave
55. surge
56. masterpiece
57. ambivalent
58. inordinate
59. stutter
60. broach

61. chatelaine
62. stud
63. ruthless
64. resurrection
65. superintend
66. itinerary
67. get along
68. scoff
69. inconceivable
70. daub

71. arsenal
72. menace
73. blockade
74. Juggernaut
75. defiance
76. confiscate
77. skull
78. concentration camp
79. exterminate
80. propaganda

81. prominent
82. merchant
83. smuggle
84. refugee
85. debilitate
86. hammer blow
87. turmoil
88. squadron
89. abyss
90. unconditional

91. maturity

## Chapter 18

1. loot
2. ornate
3. rickety
4. cram
5. prestigious
6. submit
7. concierge
8. amateurish
9. bulbous
10. dilettante

11. barbarian
12. Greek statuary
13. eliminate
14. anatomy
15. ligament
16. heady
17. arcane
18. aperitif
19. gnarled
20. club foot

21. dismember
22. cordial
23. tongue-tie
24. dreary
25. window sill
26. lavish
27. grudge
28. gland
29. buxom
30. brunette

31. acne
32. willowy
33. ribald
34. fluster
35. queer
36. tapering
37. loin
38. quixotic
39. intimacy
40. hostel

41. meadow
42. elation
43. protuberant
44. hazel
45. proprietor
46. critic
47. crucify
48. exultation
49. condescension
50. ferocious

51. quip
52. mordant
53. sideboard
54. effusive
55. discerning
56. derogatory
57. aspiring
58. arty
59. beckon
60. nibble

61. bustle up
62. immortality
63. mane
64. befall
65. forelock
66. babble
67. delude

## Chapter 19

1. treadmill
2. clique
3. realm
4. impostor(~ter)
5. derring-do
6. segregation
7. migration
8. sabotage
9. amorphous
10. accumulate

11. uneventful
12. layout

## Chapter 20

1. conciliatory
2. overture
3. insular
4. outlaw
5. communism
6. prestige
7. designate
8. manacle
9. shackle
10. partition

11. defiance
12. rebel
13. fertile
14. bowel
15. coup
16. take over
17. petrochemical
18. widower
19. executive
20. ruddy

21. cajole
22. punctilious
23. debonair
24. charismatic
25. corporate
26. perfunctory
27. imperative
28. cartel
29. skyrocket
30. loath

31. predatory
32. fleck
33. adroit
34. hogtie
35. disapprove
36. despise
37. bait
38. induce
39. single-minded
40. ruthless

41. earshot
42. out of earshot
43. folio
44. camouflage
45. creak
46. invade
47. machination
48. radiate
49. gang up on

50. seduce

..............

51. implant
52. complication
53. deceit
54. up front
55. maillot
56. slender
57. light-hearted
58. rebellion
59. perry
60. devious

..............

61. simultaneously
62. dispense
63. conspicuous
64. flaunt
65. perverse
66. onlooker
67. orgy
68. dispel
69. hysterectomy

## Chapter 21

1. absorbed
2. cordial
3. breach
4. ritual
5. stab
6. mumps
7. whooping cough
8. tonsil
9. hospitalize
10. black out

..............

11. adolescent
12. glandular
13. cerebral
14. aneurysm
15. blur
16. fatal
17. alarmist
18. abortion
19. antagonistic
20. erratic

..............

21. a blood transfusion
22. a cerebral hemorrhage
23. lapel
24. butler
25. revolver
26. trigger

## Chapter 22

1. primogeniture
2. in dispute
3. substantiate
4. brusque
5. slashing
6. thready
7. summon
8. sanatorium

## Chapter 23

1. recuperate
2. asylum
3. homicidal
4. schizophrenic
5. paranoiac
6. restraint
7. a padded cell
8. dysfunction
9. torment
10. contempt

..............

11. scaredy cat
12. petrify
13. blister
14. confine
15. lobotomy
16. aggression

## Chapter 24

1. accident-prone
2. intervention
3. shrub
4. headstrong
5. revel
6. invariably
7. tacit
8. attrition
9. admonition
10. rudder

..............

11. luff
12. overboard
13. consort
14. compassionate
15. pejorative
16. resentment
17. affectionate
18. stile
19. groom
20. inexplicable

..............

21. infirmary
22. concussion
23. corral

24. protrude
25. vicinity
26. prank
27. cinch
28. on the verge of
29. twitch
30. lapse
31. ungrammatical
32. contemptuously
33. venomous

## Chapter 25

1. indiscriminate
2. precaution
3. gloat
4. wither
5. clasp
6. divine
7. nourish
8. libidinous
9. demented
10. quiveringly
11. persist
12. sordid
13. appall
14. jeopardize
15. flabby
16. discourse
17. vintage
18. decidedly
19. thrust
20. nymphet
21. assignation
22. susceptible
23. blatant
24. promiscuous
25. despicable
26. villain
27. deceitful
28. cunning
29. weariness
30. disinherit
31. futility
32. mold
33. bedrock
34. immutable
35. senile
36. undermine

## Chapter 26

1. exhilarating
2. loom
3. deferential
4. irrevocable
5. executor
6. discretion
7. apiece
8. stipulation
9. trickle
10. leper
11. envision
12. nook
13. euphemistic
14. vicious
15. demure
16. rapport
17. endearing
18. suitor
19. leaf
20. pawn
21. watchword
22. bid
23. infatuate
24. freshen up
25. dub
26. appellation
27. deride
28. publicly
29. crescent
30. airborne
31. magnetism
32. excruciating
33. cringe
34. clench
35. stark
36. enormity
37. aghast
38. discolor
39. lessen
40. straddle
41. asylum
42. insatiable
43. segment
44. so-called
45. fountainhead
46. socialite
47. milieu
48. fleshy
49. raucous
50. bray
51. pillar
52. drachma
53. brokerage
54. smug
55. deliberate
56. vulnerable point
57. appraise
58. evade
59. bore
60. leaky
61. accident-prone

## Chapter 27

1. diadem
2. engraver
3. copywriter
4. indignation
5. consensus
6. tubby
7. chattel
8. obsequious
9. vindictive
10. resentment

---

11. smoke-filled room
12. chain-smoke
13. dumpy
14. rust-colored
15. acquaint
16. lay off
17. fouled-up
18. pariah
19. tongue-lash
20. slap down

---

21. pandemonium
22. culprit

## Chapter 28

1. shabby
2. meticulosity
3. contemptuously
4. unstable
5. nibble
6. groin
7. tumescent
8. chic
9. patron
10. gall

---

11. dissipated
12. obscure
13. ingenuity
14. spellbind

## Chapter 29

1. exhale
2. crevice
3. plunge
4. aversion
5. frustration
6. despise
7. anonymous
8. masochist
9. infraction
10. fester

---

11. antagonize
12. captivate
13. kowtow
14. sire
15. frisson
16. access card
17. vault

## Chapter 30

1. stint
2. ardent
3. mutilate
4. coordinate
5. prodigal
6. demur
7. inflection
8. dominate
9. astride
10. anesthesiologist

---

11. glib
12. disfigurement
13. hit-and-run
14. snort
15. fracture
16. zygoma
17. blowout
18. impinge
19. posterior
20. sole

---

21. ponderingly
22. vagary
23. conspiracy
24. assault
25. unprepossessing
26. sparse
27. myopic
28. blink
29. deform
30. deficiency

## Chapter 31

1. perilous
2. ingratiating
3. clean-cut
4. quarterback
5. notation
6. prominent
7. dowager
8. bravado
9. telltale

## Chapter 32

1. exultant
2. reverie
3. abhor
4. butchery
5. vouch
6. self-esteem
7. negligible
8. domineering
9. bully
10. sublimate

11. embolden
12. megalomaniac
13. testify
14. homicide
15. unravel
16. smudge
17. psychopath
18. rapport

## Chapter 33

1. tenacious
2. artery
3. hindrance
4. exuberant
5. adrift
6. eminent
7. jib
8. scan
9. lee
10. white-hot

11. spurt
12. detain
13. intact
14. moor
15. ribald
16. tomcat
17. alley
18. lieutenant
19. morgue
20. vamoose

21. commentator
22. foul
23. speculate
24. amnesia
25. breakwater
26. tenor
27. stab
28. perplex
29. jurisdiction
30. curio

31. front page
32. opiate
33. forensic
34. chum
35. beefy
36. cockamamie
37. shaft
38. recurrent
39. perennial
40. butt

41. inept
42. nonentity
43. sultry
44. unravel
45. inquest
46. chamber
47. annulment
48. confront
49. verdict
50. jury

51. assailant
52. statute
53. stethoscope
54. escapade
55. replenish
56. reckless
57. placate
58. ingratitude
59. glower
60. manipulator

61. bumbling
62. milquetoast
63. hypodermic
64. orgy
65. cuckold
66. indomitable
67. bestow
68. peremptory

뜻 넣기

# Master of the Game 단어

시작: 월 일
마침: 월 일

1. 『Master of the Game』 단어 목록 노트를 펼치고 각 단어를 영어만 3번씩 더 쓴다. 도합 4번을 쓰는 것.

2. 4번을 다 쓴 뒤에 사전에서 우리말 뜻을 찾아 영어와 한글을 같이 한 번씩 더 써 준다.

3. 단어 목록을 완성하면 『Master of the Game』을 펴고 읽는다.

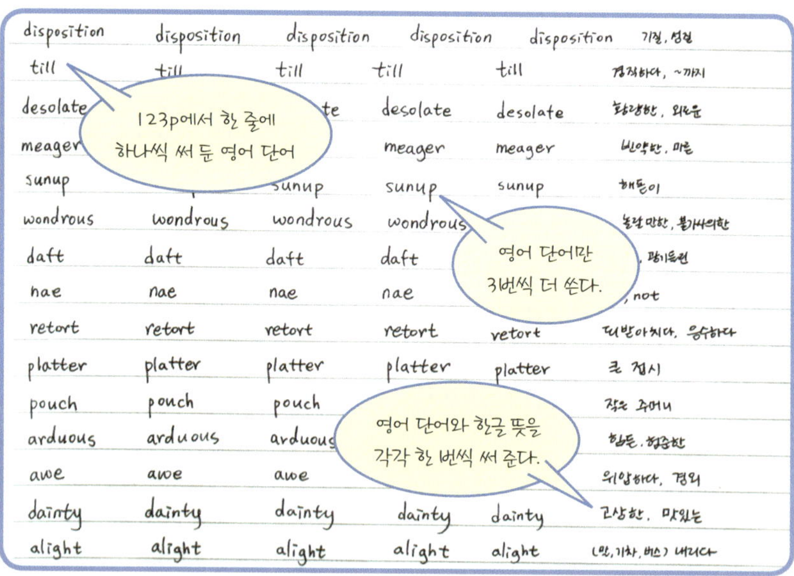

* 단어 목록을 보면 이거까지 알아야 하나 싶은 단어가 많다. 거듭 강조하지만 단어 쓰기의 목적은 외우기가 아니다. 단어 자체를 많이 보고 익숙해지면 된다.
* DSL 홈페이지 **www.ddstone.com** 자료실에서 『Master of the Game』 단어 뜻 목록을 다운 받을 수 있다.

독서 목록

# 시드니 셸던

시작 : 월 일
마침 : 월 일

1. 『Master of the Game』
2. 『If tomorrow comes』
3. 『Rage of Angels』
4. 『The Stars Shine Down』
5. 『Nothing Lasts Forever』
6. 『Tell Me Your Dreams』

- 『The Naked Face』
- 『The Other Side of Midnight』
- 『A Stranger in the Mirror』
- 『Bloodline』
- 『Windmills of the Gods』
- 『The Sands of Time』
- 『Memories of Midnight』
- 『The Doomsday Conspiracy』
- 『Morning, Noon and Night』
- 『The Best Laid Plans』
- 『The Sky is Falling』
- 『Are You Afraid of the Dark?』

* 1~6번까지 순서를 지켜서 읽는다. 나머지 12권은 자유롭게 읽는데 되도록 18권을 모두 읽는다.
* 시드니 셸던의 책부터 읽는 속도를 올리는 연습을 한다. 시드니 셸던의 책은 빨리 읽는 연습을 하기에 적합하다. 1권당 읽는 시간이 되도록 3일 이상 걸리지 않도록 한다.

## 최종 완성

# 사전 단어장

시작 : 월 일
마침 : 월 일

1. 사전을 펼치고 '사전 칠하기 1단계'와 '사전 칠하기 2단계' 및 『Dating Game』 단어 목록, 『Master of the Game』 단어 목록을 통해 색칠한 모든 단어를 읽는다. 우리말 뜻도 읽는다.

2. 너무 당연하다 싶은 단어들은 그냥 지나친다.

3. 새 노트를 펼친다.

4. 익숙하다 싶은데 헷갈리거나 잊어버릴 것 같으면 영어 단어만 3번 쓴다.

5. 사전에 색칠은 되어 있지만 낯선 단어들은 영어 단어만 5번 쓴다.

* 다니엘 스틸과 시드니 셸던 독서 목록을 웬만큼 읽었을 때 사전 단어를 정리한다.
* 다니엘 스틸과 시드니 셸던의 책을 웬만큼 읽었다면 영어의 기본은 이미 자리 잡혔다. 문법과 숙어 쓰기도 병행했다면 기본은 더욱 탄탄할 것이다. 사전 단어를 한 번 더 정리하는 일은 자리 잡힌 영어의 기본을 다시 한 번 다지는 역할을 한다.
* 책을 웬만큼 읽었다면 단어들이 눈에 많이 익은 상태라 색칠된 단어들이 쉽게 외워질 것이다. 충분히 다 할 수 있다. 모두 외우겠다는 욕심을 버리고 무조건 양만 채우겠다는 마음이 가장 중요하다.
* 시간이 날 때마다 사전을 들고 색칠한 부분을 5~10번 정도 읽으면 단어에 있어 천하무적이 된다.